Walter Jens
Mythen der Dichter

Walter Jens

Mythen der Dichter

Modelle und Variationen

Vier Diskurse

verlegt bei Kindler

Die Deutsche Bibliothek – CIP-Einheitsaufnahme
Jens, Walter:
Mythen der Dichter : Modelle und Variationen ;
vier Diskurse / Walter Jens. – München : Kindler, 1993
ISBN 3-463-40215-7

Dieses Buch wurde auf chlor- und säurefreiem Papier gedruckt.
Die Folie des Schutzumschlags sowie die Einschweißfolie
sind PE-Folien und biologisch abbaubar.

Umschlaggestaltung: Graupner & Partner
Satz: DTP im Verlag
Druck und Bindung: Freiburger Graphische Betriebe
Printed in Germany
ISBN 3-463-40215-7

2 4 5 3 1

Den Freunden in Tübingen

Inhalt

Odysseus: Das Doppelgesicht des Intellektuellen

Erster Diskurs

Zürich, 1. August: Während die Militärs die letzten Reserven mobilisieren, Winston Churchill, zum Luftfahrt- und Munitionsminister ernannt, Großadmiral Tirpitz das Fürchten lehrt, Soldaten, zu Hekatomben, zwischen Riga, Flandern und dem Isonzo elendig verrecken, ein bolschewistischer Aufstand scheitert, Kerenski die Macht übernimmt und ein Friedensappell des Papstes wirkungslos bleibt (1. August 1917: Friedensnote Benedikt des Vierzehnten an die kriegführenden Mächte), meditiert, in der neutralen Schweiz, ein Schriftsteller von pazifistischer Gesinnung über einen Roman, dessen Hauptfigur jener ebenso berühmte wie verkannte griechische Held ist, dessen Konturen der Poet, an diesem 1. August 1917, einem jungen Mann verdeutlicht, der bei ihm Lektionen im Englischen nimmt.
Der Name des Schriftstellers: James Joyce. Der Name des Helden: Odysseus. Der Name des Sprachschülers: Georges Borach, ein liebenswerter und nicht unbemittelter Mann, lernbereit und großzügig (zum Wohl des *Ulysses* werden auch nicht gehaltene Unterrichtsstunden bezahlt) – ein Liebhaber der Literatur, der (nochmals: am 1. August 1917) in sein Tagebuch schreibt: »J. J. meint: Das schönste, alles umfassende Thema ist die Odyssee. Es ist größer, menschlicher als Hamlet, Don Quichote, Dante, Faust. Das Jungwerden des alten Faust berührt mich unangenehm. Dante ermüdet rasch, wie wenn man in die Sonne blicken würde. Die schönsten, menschlichsten Züge enthält die Odyssee. Ich war zwölf Jahre alt, als wir in der Schule den Trojanischen Krieg behandelten, nur die Odyssee blieb bei mir haften.«

Joyce, dies legt Borachs Tagebuch nahe, hat im Sommer 1917 offenbar die große Passion seines Lebens bekannt: seine Liebe zu einem ebenso intelligenten wie unheroischen Mann, dem er schon in den *Dubliners* (seiner »Telemachie«) einen Ehrenplatz geben wollte: aber der wäre allzu bescheiden gewesen – also mußte eine Fortsetzung her: die *ganze* Odyssee, der *ganze* Odysseus: »Warum kam ich immer wieder auf dieses Thema? Gegenwärtig, ›nel mezzo del camin‹, ist für mich der Stoff der Odyssee der menschlichste der Weltliteratur: Odysseus wollte nicht nach Troja ziehen, er wußte, daß der offizielle Kriegsgrund, ›Ausbreitung der Kultur Hellas'‹, nur Vorwand war für die griechischen Kaufleute, die neue Absatzgebiete suchten. Als die Aushebungsoffiziere kamen, war er gerade beim Pflügen. Er stellte sich irrsinnig. Sein zweijähriges Söhnchen legte man darauf in die Furche. Vor dem Kinde hält er mit dem Pfluge.«
»Beachten Sie [Anrede an Borach, aber zugleich an die Leser: an uns] die Schönheit der Motive; der einzige Mann aus Hellas, der gegen den Krieg ist und der Vater ist. Vor Troja verbluten die Helden umsonst. Man will abziehen. Odysseus ist dagegen. Die List des hölzernen Pferdes.«
Wie, fragt Joyce, ist das zu verstehen? Ein Pazifist als Mörder? Der friedliche Vater, mit der Vernichtungswaffe, im Innern eines Tanks, der wie ein Spielzeug, ein Geschenk für artige Kinder, drapiert ist? Und weiter (die Tagebucheintragung, ergänzt durch Borachs Briefe, umfaßt viele Seiten)! Ein Kriegsmann als Wanderfreund? Ein Haudegen als Sänger? Ein verschlagener Intellektueller als Schriftsteller, Artist und Künstler? »Ich fürchte mich fast, ein solches Thema zu behandeln, es ist zu gewaltig.«
Nun, Joyce wußte sehr wohl, worauf er sich einließ: Der Gedanke einer radikalen Umfigurierung war präzise und

überzeugend. Statt die halbe Welt sollte der mit Ulysses' Gedanken ausgestattete Odysseus nur eine einzige Stadt, Dublin, durchwandern, statt der zehn Jahre sollte nur ein einziger Tag, der 16. Juni 1904, vergehen, und statt des Speers hatte Ulysses-Joyce ein zivileres Instrument mit sich zu führen: die Zigarre!
Aber was war mit den Quellen? Trugen sie – als mitzudenkende Mitgift – die Variationen? War Kapitel für Kapitel tatsächlich das (Stuart Gilbert anvertraute) Urmodell zu erkennen: Skylla und Charybdis – Streitgespräche in einer Bibliothek? (Über Hamlet, den für Joyce zwar hinter Odysseus weit zurückbleibenden, aber gleichwohl für ein Streitgespräch zwischen Vater und Sohn, Ulysses-Bloom und Stephan Daedalus-Telemach, tauglichen Dänen.) Die Laistrygonen – Sänger in einer irischen Kneipe, rauhkehlig und immer mit dem Glas Bier an der Theke. Die Kirke-Episode, eine Szene, walpurgisnachtartig, im Bezirk der roten Laternen. Die griechische Zauberin – heimgekehrt in einen Dubliner Puff!
Nun, Joyce kannte die Quellen genau: Jedes Detail – eingeschmolzen in den Kontext einer irischen Geschichte um 1900 ... mit einem jüdischen Helden, der dem griechischen *outcast:* dem Intellektuellen unter den wakkeren Streitern, dem Nachdenklichen unter den Boxern von Ajas', Agamemnons, aber auch Achilleus' Rang (»Straßenköter« und »Bullbeißer« hat Shakespeare in *Troilus und Cressida* Ajas und Achilleus genannt) und dem Einsamen unter selbstgewissen Genossen sehr genau entsprach.
Aber ein Friedensmann und gutmütiger Vater: das, sollte man denken, ist der *vielgewandte* Sagenheld denn doch nicht gewesen: *das* ist eine Erfindung jenes James Joyce, der sich nicht genugtun konnte, die Krämer und Händler, diese Ideologen eines imperialistischen Raubkriegs unter

dem Motto »Wir bringen euch die Kultur«, mit dem Pazifisten, einer männlichen Kassandra-Figur, zu konfrontieren. Nur gemach! Joyce hatte, bei seiner Variation des Modells: einem Meisterstück alexandrinischer List, nicht nur seinen Homer und nicht nur die *Odyssee,* die er als Junge liebte, weil sie so mystisch war: eine verwunschene Comic-Moritat, sondern auch die Sekundärquellen zur Hand, gelehrte Handbücher, mythologische Verweise und spätantike Exzerpte ... Belege, die ihn instand setzten, auch scheinbar aberwitzige Thesen als gut begründet und durch die Tradition gesichert zu erweisen. Odysseus, ein bescheidener Landesherr, der seine Penelope liebt und häufiger bei Gesprächen mit Telemach, seinem Sohn, als bei Ritterspielen anzutreffen ist? Voilà, der Mann wurde nicht von Joyce, sondern von spätantiken Kommentatoren als eine Gegenfigur zu den Bellizisten dargestellt – wobei es freilich für Joyce' Spürsinn spricht, daß er, dieser geniale Ummodler des Heroen Odysseus, die ihm genehmen Quellen mit einer Sicherheit ausfindig macht, die in der Geschichte der Literatur nahezu beispiellos ist.
Odysseus – ein Drückeberger? Sehr wohl! – nachzulesen bei Hygin ... und zwar so: Odysseus, ein milder und besonnener König, eher Provinzverwalter als stampfender Herrscher wie die beiden Atriden, fühlte sich zu Hause wohl und hatte um so weniger Lust, in den Krieg zu ziehen, als ihm vom Orakel geweissagt wurde, er werde erst nach zwanzig Jahren heimkehren: ohne Rüstung, ein Flüchtling, elend und nackt – und das hieß für Odysseus: untertauchen! Sich kleinmachen und ducken, wo immer es ging – auch dann noch, als die Kriegsgesandtschaft kam (wir erinnern uns an Borachs Tagebuchnotiz): Agamemnon, Menelaos und, dies vor allem, Palamedes (der einzige Grieche, der es mit Odysseus an

Intelligenz, Einfallsreichtum und List aufnehmen konnte). Da kehrte der Ehemann und Vater, der um keinen Preis der Welt ein strahlender Kriegsheld sein wollte, den Irrwitz heraus, stellte sich blöd und spielte, Shakespeare präludierend, den Narren, indem er einen Hut aufsetzte (was auf Ithaka nicht üblich war, wohl aber später in Dublin) und einen Esel und einen Ochsen vor seinen Pflug spannte. (Wolfgang Hildesheimer hat in eindrucksvoller Weise über die Hüte im *Ulysses* meditiert.)
Der Narr hinter zwei Tieren aus der lukanischen Weihnachtsgeschichte – eine kuriose Dreieinigkeit, in der Tat. Das Meisterstück eines findigen Kopfes, der den Clown machte, um sich dem Waffendienst zu entziehen – ein Meisterstück freilich, das zwar geringere Geister, wie die beiden Atreus-Söhne, täuschen konnte (»Komm, Bruder, ziehen wir ab; der Mann ist unbrauchbar, wir verlieren nur Zeit«), nicht aber Odysseus' alter ego, den ihm an Phantasie ebenbürtigen Palamedes.
Ein Schachspiel auf Leben und Tod: Odysseus zieht, der Kontrahent repliziert – mit einem Schäferzug, wenn's beliebt. Telemach wird in die Furche gelegt, Palamedes schaut zu, wie Odysseus näher kommt, und lächelt: gewonnen. Odysseus, der seinem Kind nicht weh tun will, hebt den Pflug hoch über den Körper des Kindes – und geht mit nach Troja: ein anderer Odysseus seit dieser Stunde. Einer, der (Joyce hat viel Gelegenheit, die große Wende in Ulysses' Leben zu bedenken) in einem Akt des schauerlichsten Sadomasochismus den Friedensfreund in einen Mörder verwandelt; einer, der – »gut gelernt, Bruder!« – in Palamedes' Spuren geht, wenn er den zögerlichen Achill durch eine List nach Troja treibt. Auch das Thetis-Kind nämlich wollte sich drücken und hatte sich, überzeugt durch seine Mutter, die um den frühen Tod ihres Lieblingssohns wußte, ihn aber nicht akzep-

tierte, in Mädchenkleider gehüllt, hatte sein Pläsier beim Puppenspiel und Handarbeit, wurde, weitab von der Welt, auf Skyrus, zusammen mit der Königstochter Deidamia erzogen – vergebens, die Flucht; auch der zweite Schauspieler, Achill alias Pyrrha, wie er sich nannte, wurde entdeckt: Eine Schar junger Mädchen – eine schöner als die andere, wie ich vermute, jede eine Nausikaa – spielte am Meer (oder vorm Palast, in einem Hain, bei Aphrodites Tempel: einerlei), als Odysseus kam und sich überlegte: Wer, im Kreise der Schönen, ist nun Achill?
»Geht hinein, Mädchen, in den Palast, ich habe Geschenke dabei, kostbare Gewänder und einen Schild, Spieß und Frauentand.« Man beschaute die Sachen, in der Ferne kam Lärm auf, Odysseus' Mannschaft rief: »Alarm! Der Feind!« (das war sorgfältig einstudiert worden) – und schon griff Achill zu den *Waffen,* und nicht zu den Kleidern.
Zwei Zivilisten vor Troja: einer, der, in der Ferne, weitab von der Heimat, als junger Mann sterben sollte, und ein anderer, der, alt und müde, zu den Seinen heimkehren wird. Einer, Achill, der sich seinem Schicksal unterwirft – kein böses Wort, späterhin, an Odysseus' Adresse – und ein anderer, der nicht vergessen kann, sondern darauf wartet, seinen Gegenspieler zu erledigen – *Palamedes,* den Einfallsreichen, der vor Troja das Würfelspiel erfindet, um zu verhindern, daß die Soldaten infolge zunehmender Langeweile an Kampfbereitschaft verlören.
Palamedes, der vorgemerkt ist (»Tu, was du willst, meine Stunde wird kommen«), *Palamedes* (seine Geschichte ist noch nicht geschrieben: eine ebenso bittere wie amüsante Etüde), der, anders als Odysseus, ehrgeizig ist und seine Erfindungen, das Training an kampffreien Tagen und das Würfelspiel (worunter wir uns eine Art von »Schiffe-Versenken« vorzustellen haben), für wichtig ge-

nug hielt, um den Posten eines Oberbefehlshabers für sich zu reklamieren, *Palamedes,* der in seiner Freizeit über das Alphabet nachdachte ... und am Ende doch verlor, weil Odysseus, der, wie gesagt, den point of no return: die Enttarnung auf Ithaka, niemals vergaß, in Palamedes' Zelt einen Goldschatz vergrub, dann (Schritt zwei) einen Phryger ausfindig machte, dem er einen fingierten Brief von Priamus gab, dann (Schritt drei) den Phryger tötete und den Brief verlesen ließ, in dem sich Priamus bei Palamedes für den Verrat griechischer Aufmarschpläne bedankte und darauf verwies, daß die vereinbarte Summe übersandt worden sei, dann (Schritt vier) Palamedes vors Kriegsgericht befahl (wobei er, eine Pikanterie besonderer Art, als sein Verteidiger auftrat), dann (Schritt fünf) das von ihm selbst versteckte Geld ausgraben ließ, dann (Schritt sechs) die Steinigung des Palamedes anordnete (schweren Herzens und aufs äußerste enttäuscht, wie sich versteht).
Odysseus, ein bescheidener Landlord, der sich, auf Kosten vieler durch seine Listen ermordeter Menschen, dafür rächt, daß er in den Krieg ziehen mußte: so hat Joyce ihn gesehen und sein absolvo te ausgesprochen: Der Mord – nicht vergessen, aber entschuldigt. Das Niedermachen der Feinde – ins Niedermachen böser Regungen der Seele verwandelt. (Odysseus erledigt Penelopes männlichen Umgang, Bloom straft den Buhler seiner Moll allenfalls in der Tiefe des Herzens.)
Joycens Ulysses ist ein liebenswerter Schelm, gutmütig und von familiärer Gesinnung; aber ein Schelm ist auch Homers Odysseus. (Nachzulesen in W. B. Stanfords nicht genug zu rühmender tour d'horizon auf den Spuren des doppelgesichtigen Helden: *The Ulysses Theme. A Study in the Adaptability of a Traditional Hero.*) Schelm und Ehemann, Krieger (wider Willen) und Künstler (aus Pas-

sion), Weltweiser und Opportunist, Diplomat und Philosoph, König und Bürger, Falke und Taube zugleich: so präsentiert sich Odysseus zwischen dem achten vorchristlichen und zwanzigsten nachchristlichen Jahrhundert in immer neuer Gestalt und reizt – wegen seiner ambivalenten, dem Himmlischen so gut wie dem Teuflischen verfügbaren Gabe: seiner Intelligenz – die Schriftsteller zu immer neuen Variationen: Das Gute nah bei dem Bösen, der Engel als Gefährte des Wolfs – und diese Doppelheit, dieser jederzeit mögliche Umschlag, diese Polymorphie läßt Odysseus, im Gegensatz zu allen Nur-Tapferen oder Nur-Schurkischen, Nur-Unbeirrten oder Nur-Feiglingen, so *interessant* sein – und das schon in der Antike, wo sich nicht nur der Vielgewandte in Person, sondern auch seine Ahnenreihe mancherlei Verdächten und Mißdeutungen ausgesetzt sah.

Odysseus' Großvater mütterlicherseits jedenfalls war alles andere als ein ehrenwerter Gesell: Autolykos, heißt es im neunzehnten Gesang der Odyssee, ist ausgezeichnet – unter den Menschen – in zweierlei Künsten: der Kunst des Diebstahls und der Kunst des falschen Schwurs.

Soviel zum Großvater. Nun zum Vater – einer noch dubioseren Figur: galt es doch nach griechischer Vorstellung für keineswegs ausgemacht, daß der wackere Laertes Odysseus gezeugt hatte – Sisyphos sei es gewesen, zum Gaudium von Autolykos, der stets für ein Späßchen aufgelegt war, und erst recht zum Vergnügen von Großvater Hermes, dem Urahn und Begründer einer Sippschaft von Schurken: Zuerst der Gott der Diebe, dann der König des Meineids, dann – ein Höhepunkt besonderer Art! – Sisyphos, der dafür Sorge trägt, daß der brave Laertes eine Schwangere heimführt.

Ausgerechnet Sisyphos! Listenreich wie Odysseus – sogar noch im Tod: hatte er doch seine Gemahlin gebeten, ihn, wenn's soweit wäre, nicht zu bestatten, um auf diese Weise, *post mortem*, dem Totengott zu bedeuten: »Ich bin hier falsch, laß mich nach Haus und von meiner Frau Rechenschaft fordern.« (An Rückkehr, natürlich, kein Gedanke; da mußte Pluto schon Hermes persönlich bemühen, um den Erzeuger seines Urenkelsohns ins Totenreich zurückzubeordern.)

Man sieht: etwas anrüchig ist er schon, dieser Odysseus, mitsamt seiner Familie: nicht brav und wacker, sondern zweideutig und interessant: ein ideales Sujet also für Poeten aller Couleur.

Thou cometh in such a questionable shape – das gilt nicht nur für den Geist von Hamlets Vater, das gilt erst recht für Odysseus, den Pazifisten, der's Achill entgelten läßt, daß er von Palamedes dupiert worden war, und derart seinerseits schuldig an der gewalttätigen Zubereitung eines Friedfertigen wird – Achills, eines Mädchens unter den Mädchen, Achills, der nur von einer einzigen erkannt worden war – Deidamia, die ihn geliebt hatte und nach dem Auszug ihres Freundes, der abgetrotzten Konsequenz eines Gestellungsbefehls, vor Sehnsucht dahinschwand. (Dante, im sechsundzwanzigsten Gesang der Göttlichen Komödie, wird daran erinnern: »Gebüßt wird die Verstellungskunst, durch die Deidamia ihren Freund verlor.«)

Bei Gott, es war anders geplant: Odysseus wollte zu Hause bleiben und die Freuden des Lebens genießen – möglichst in Ruhe. (Den Plan, um Helena zu freien, hatte er offenbar schon als sehr junger Mann aufgegeben; die Reise war ihm zu mühsam.) Dieser Mann – darin sind sich die Schriftsteller einig, von Homer bis Joyce, von Sophokles bis Giraudoux – dachte lieber nach, als eilfertig zu

handeln; er redete gern, verachtete schweigsame Leute; ungesellige Denker waren ihm in gleicher Weise verhaßt wie dumpfe Monologisierer. Er schätzte Geselligkeit und urbanes Geplauder; das Essen war ihm wichtig; der Magen, dieses *bellende* Organ, wie er's gern nannte, forderte in gleicher Weise Nahrung wie der Kopf.
Odysseus, der alle Zeit ein wenig abseits von den anderen zu denken ist: immer auf Distanz bedacht, reiht sich ein in die Phalanx der Heroen, sobald zum Mahl gerufen wird; Hunger ist für ihn nicht minder quälend als Dummheit – und mit so viel Leidenschaft und erzählerischem Elan er auch sein Seemannsgarn spinnt: Erst kommt das Fressen, dann kommen die Märchen: »Viele Übel«, läßt der Schiffbrüchige den Phaiakenkönig Alkinoos wissen, »könnte ich nennen, so viel ich insgesamt gelitten habe nach der Götter Willen. Nun aber laßt mich das Nachtmahl nehmen, so bekümmert ich auch bin. Denn da ist nichts Hündischeres außer dem bösen Magen, der da treibt, daß man seiner notgedrungen gedenke, und wenn man noch so sehr erschöpft ist und Jammer hat in seinem Herzen. So habe auch ich Jammer im Herzen, und der Magen treibt immerzu zu essen und zu trinken, und alles läßt er mich vergessen, was ich gelitten, und befiehlt mir nur immer, daß er sich fülle.«
Der Anwalt einer zivilen Gesellschaft: sehr bürgerlich, sehr bescheiden und sehr gutmütig – so wie Joyce seinen Ulysses sah – war, ungeachtet aller Emphase des Denkens, schon bei Homer ein Mann, der jeder Form von Sinnlichkeit zugetan war: der Sinnlichkeit des Denkens so gut wie der Sinnlichkeit in niederen Sphären – wobei er wußte, daß Gewalt und Krieg um des Bauches willen: also der Expansion auf dem Gebiet der Agrikultur und nicht der Ideologie willen geführt werden: »Mein Herz ist standhaft, da ich viel Schlimmes erlitten habe auf den

Wogen und im Kriege … Den Magen freilich kann man nicht verhehlen, wenn er das Verlangen hat, der verderbliche, der den Menschen viel Schlimmes schafft, um dessentwillen auch gutgejochte Schiffe ausgerüstet werden, daß sie über das unfruchtbare Meer den Feinden Böses bringen.«

Kein Zweifel, daß ein solcher Mann, der ein gerüttelt Maß von Don Quichotes Charakter hat (nur ist er beleibter: gedrungen, nicht hager, um derart, wie Hamlet, das Märchen zu widerlegen, das den Lesern weismachen möchte, Intellektuelle seien samt und sonders asthenisch: Doch warum, fragen wir, sollte Hamlet nicht wohlbeleibt sein, warum muß das *fat* bei Shakespeare unbedingt »verschwitzt« heißen statt »aus der Façon geraten«, warum müssen Heilbringer hager und, sofern sie über Geist verfügen, Dämonen schlank wie Gustaf Gründgens sein?) … kein Zweifel, daß Odysseus, mit seinem Sinn fürs Biotische, für Kneipen und Gastereien, komfortable Herbergen und erlesene Weine, gern unterschätzt wird. Sein Metier ist: Unterstapeln, nicht Aufschneiderei, sokratisches Fintieren (»Mir wurde schwarz vor Augen, als ich dem Plädoyer meiner Gegner zuhörte: so gewaltig redeten sie«) und nicht Bramarbasiererei.

»Aber wenn sich erhob der weise Laertiade«, heißt es im dritten Gesang der *Ilias,* »stand er und schaute zur Erde mit niedergehefteten Augen, er bewegte das Szepter nicht vorwärts, nicht rückwärts, hielt es immer still und schien der Rede nicht kundig; hättest ihn für … blöd an Sinnen gehalten. Aber wenn er der Brust die starke Stimme entsandte und die Fülle der Worte, wie Schneegestöber im Winter, dann hätte kein Sterblicher ihm den Vorrang bestritten.«

Keiner – dies ist die communis opinio der Schriftsteller über die Zeiten hinweg – redet, sobald er sein Tarnspiel aufgibt, und, nach einem erquicklichen Essen, zur Sache kommt, intelligenter als der *eine* Odysseus; keiner kann so human und behutsam plädieren wie er, keiner aber auch, dank seiner Versatilität, will heißen: der ihm eigenen Unentschiedenheit im Ethischen, so rasch zum Funktionär werden, zum Advokaten der Killer, denen er – immer dabei, in vorderster Front, der Theorie in leibhaftiger Praxis verbunden – behilflich ist, die Mordpläne in die Tat umzusetzen: im Bettlergewand, nach berechneter Selbstverstümmelung, die Stadt rekognosziert und dann, hinein ins Pferd und den Soldaten den Mund zugehalten, der jungen Mannschaft, die nach zehn Jahren erzwungener Keuschheit plötzlich Frauenstimmen vernimmt! (Der Plural ist falsch: in Wahrheit war da nur eine Frauenstimme. Helena imitierte, zur Verführung der eingeschlossenen Männer, ehefrauliche Lockungsversuche.)

Gewalt als Schleppe des Betrugs: Kein Zweifel, daß dieses Modell auf Ithaka – ich denke: in der Nacht nach der großen Demütigung – ausgedacht worden ist ... ein Modell, wohlgemerkt, auf das Odysseus nie um eigener Vorteile willen, sondern allein im Hinblick auf das Wohl der von ihm vertretenen Sache zurückgreift.

Auch die schärfsten Kritiker – Euripides und Seneca voran – haben dem Listenreichen *eins* niemals vorhalten können: Egoismus und Intrigen im eigenen Namen: Dieser Mann war kein Desperado, sondern ein Patriot; kein »ganzer Kerl«, sondern ein bedächtiger Mensch, der, statt Waffen zu schmieden, lieber Monologe führte oder, besser noch, Zwiegespräche mit Personen, die über Witz und Ironie verfügten – Figuren vom Schlag der Göttin Athene, die, sein Leben lang, Odysseus' vertrauteste Partnerin blieb: Wenn die beiden sich unterhalten, der Mensch und die Göttin, dann wird, bei geschliffener

x Gewandtheit
Wandelbarkeit.

Rede in Anführungszeichen, die aus Sätzen ironische Zitate und aus Worten doppeldeutige Sentenzen macht, in der Weise ... Fontanes parliert: Anmut und Humanität beherrschen die Szene, urbanes Necken und legere Vertraulichkeit dominieren, zuammen mit einem amüsanten, trügerischen Versteckspiel, in dem Odysseus selbst die Göttin (die er freilich nicht erkennt) foppt. »Da lächelte die Göttin, die helläugige Athene, und glich an Gestalt einer Frau, einer schönen und großen, und einer, die herrliche Werke weiß. Und hob an und sagte zu ihm die geflügelten Worte: ›Klug müßte der und ein Dieb sein, der dich überholen wollte in allen Listen, und träte auch ein Gott dir gegenüber. Du Schlimmer, Gedankenbunter, Unersättlicher an Listen! So wolltest du nicht einmal, wo du doch in deinem eigenen Lande bist, aufhören mit den Betrügereien und mit den Reden, den diebischen, die dir von Grund auf eigen sind? Doch auf, reden wir nicht mehr davon, die wir doch beide die Listen kennen. Da du unter den Sterblichen allesamt weitaus der beste bist, ich aber unter allen Göttern berühmt bin durch Klugheit und Listen. Und doch erkanntest du nicht Pallas Athene, die Tochter des Zeus, die ich dir immer in allen Mühsalen zur Seite stehe und über dich wache und dich lieb habe unter den Menschen.‹«

Ich denke, wer die Zwiegespräche zwischen Odysseus und Athene liest, das schalkhafte Behaupten und wieder Zurücknehmen, dies unermüdliche Setzen von Thesen mit einem winzigen »aber« dahinter, dies Spielen mit Vorbehalten, kleinen eingestandenen Fragezeichen (lieber in Klammern als im Text selbst), diese Fähigkeit zum Aufeinandereingehen in partnerschaftlichem Gespräch, alles ganz locker, zart und schwerelos, ohne grimmigen Ernst und Fanatismus, dafür mit etlichen »vielleichts« und »warum eigentlich nicht«: der weiß, was Humanität, als

Konterpart zu allem selbstgewissen Fundamentalismus, ist.

Sobald es bei Homer – dies zu bedenken, hat die Schriftsteller immer wieder zu aparten Kreationen verführt – um Probleme der Gesellschaftsordnung, der Moral, der Sozialität des Individuums und das Verhältnis zwischen Gott und Mensch, Mann und Frau geht, sind Athene und Odysseus gefordert: die Göttin, die – nehmen wir Hermes aus (auch Apoll natürlich) – klüger ist als alle olympischen Phallophoren, die kleinhirnigen Schwanzträger, zusammen, und Odysseus, der wie eine Frau zu argumentieren versteht, mit der Stärke eingestandener Schwachheit und Hinfälligkeit – immer darauf bedacht, im Augenblick der Niederlage couragiert zu sein, in der Stunde des Triumphs jedoch sich zu ducken.

Kein Wunder, so betrachtet, daß Joyce diesen Odysseus geliebt hat, ja, mehr als das: daß er in ihm, diesem beredten Bürger, der sich durch das Mal, in dem die Menschen um ihn herum ein Kainsmal erblickten, sein von Wolfgang Hildesheimer bewegend und stimmig beschriebenes Judentum, die Besonderheit eines *guten Menschen* sah, der zu gleicher Zeit ansprechender Bürger, nachsichtiger Ehemann und nimmermüder Vater war: ein Mensch, nehmt alles in allem, der die gewaltigen Antinomien der mythischen Odysseus-Figur im Privat-Alltäglichen vereinigte: Leopold Bloom – *ein vortrefflicher Kopf,* der, allen Widerständen zum Trotz, die Contenance auf dem Friedhof so wenig verliert wie im Tollhaus des Puffs.

Kein Wunder, nochmals, daß der Autor des »Ulysses« in der homerischen Vorbild- und Vorgriff-Figur so etwas wie einen humanen Archetypus sah. Frank Budgen verdient also Vertrauen, wenn er, auf Georges Borachs Spuren, Joyce zum Reden bringt: »Sie scheinen viel gelesen zu haben, Herr Budgen«, sagte er. »Ist Ihnen von irgendeinem Dichter ein lückenloser Allroundcharakter bekannt?« (Budgen nennt Christus.) »Der war Junggeselle«, sagte Joyce. »Das Zusammenleben mit einer Frau ist zweifellos etwas vom Schwierigsten, was ein Mann tun muß, und das hat Christus nie getan.« (»Und wie steht's mit Faust?«) »Faust«, sagte Joyce, »ist überhaupt kein Mensch ... Wo ist sein Heim, wo seine Familie? ... Wir bekommen viel von ihm zu sehen, aber das ist auch alles.« (»Ihr ganzheitlicher Mensch in der Literatur ist also wohl Odysseus, nehme ich an?«) »Ja«, sagte Joyce. »Der alterslose Faust ist kein Mensch. Hamlet ist ein Mensch, aber er ist nur ein Sohn. Odysseus ist der Sohn von Laertes (Zwischenruf des Lesers: *Hoffentlich*!); aber er ist auch der Vater Telemachs, der Gatte der Penelope, der Geliebte Kalypsos, der Waffengefährte der griechischen Helden vor Troja und der König von Ithaka. Er hatte viele Schicksalsschläge zu erdulden, überwand sie aber alle durch Weisheit und Mut.«

Und dann folgt, nach dem Hymnus auf den leidenden Wanderer, der zugleich ein guter und ganzheitlicher Mensch sei, die Explikation seiner Charakterbeschreibung in deutscher Sprache (nachzulesen, auch dies, in Richard Ellmanns Joyce-Biographie): »Odysseus war nicht gut, sondern gutmütig. Bloom ist genau gleich. Wenn er etwas Gemeines oder Unehrenhaftes tut, weiß er es und sagt: ›Oh, ich war eine ganz gemeine Sau.‹«

Oh, ich war eine ganz gemeine Sau: dieses Wissen unterscheidet nun freilich den Joyceschen Leopold Bloom von der überwältigenden Mehrzahl jener Odysseus-Vorgänger seit dem fünften vorchristlichen Jahrhundert, deren Intelligenz ebenso unbestritten ist wie – ihr Zynismus. Odysseus als potentieller Zivildienstleistender: das ist das eine. Das andere: Odysseus – ein

Machiavellist, wie er niederträchtiger nicht auszudenken ist. Odysseus, der auf Moral pfeift, sobald nationale Wohlfahrt es verlangt und der Krieg vor Troja, koste es, was es wolle, durch den Sieg der Griechen sein Finale finden soll: Dann werden Unschuldige – der junge Neoptolemos, der, um der gloire de la patrie willen, heimtückisch gezwungen werden soll, Philoktets Bogen zu stehlen – zu Vasallen gemacht. Da wird ein Kind getötet, weil es, herangewachsen, Troja rächen könnte; da hat eine Frau, Andromache, ihre Tochter zu opfern, obwohl sie Odysseus' Retterin war (sie erkannte ihn in Troja und schwieg), da sehen sich Seelenregungen berechnet, Ängste kalkuliert, Schreckenserwägungen miteinander verglichen; da wird, in Sophokles' *Philoktet* so gut wie in der euripideischen *Andromache* oder Senecas *Trojanerinnen,* gequält, entwürdigt und seziert. Ein raffinierter Terror dominiert: »Durch Geißelhiebe, Feuer, Tod, Marter wird dich der Schmerz zwingen, was immer du verhehlst, wider deinen Willen preiszugeben« – Odysseus, bei Seneca, zu Andromache – »und die in tiefster Brust verborgenen Geheimnisse dir entreißen: Notwendigkeit pflegt mehr zu vermögen als Liebe.«

Haben, frage ich mich, die Interpreten jener Dramen, in denen Odysseus als ein Mann auftritt, der wortwörtlich *über Leichen geht,* nicht recht, wenn sie ihn mit jenen Schreibtischtätern vergleichen, korrumpierten Intellektuellen in Hitlers und Stalins Gefolge, die, wie ihr Vorbild, Gnadenlosigkeit – »Dein Kind wird sterben, Frau« – auf die Spitze treiben, indem sie Brutalität mit einer Spur von Mitleid drapieren, das sofort zurückgenommen wird: »Freilich bewegt mich die Trauer *jeder* betroffenen Mutter; aber die griechischen Mütter bekümmern mich mehr.«

Ja, man sieht ihn vor sich, diesen Odysseus, wie er, bei Seneca, in einem Akt lauten Denkens, die Gefühle seines Opfers analysiert: Das Kind, das wir töten wollen, lebe nicht mehr: sagt sie? Aber ist ihr zu glauben? Kann eine Mutter den Tod ihres Kindes erlügen? – Sie schwört: das besagt nichts. Sie zittert: das ist wichtiger. Ich muß sie ausforschen. Sie schaut sich um. Ich muß Gewißheit haben. Aber wie? Ein Unheil erfinden, das selbst den Tod ihres Kindes in ein kleineres Übel verwandelt: das ist es! Ich sage: »Da dein Kind dem Tod entkommen ist, werden wir Hektors Grabstätte zertrampeln und seine Asche verstreuen.« Sie: »Erbarme dich, Mann.« Ich: »Schaff mir den Sohn herbei. Dann kannst du bitten.« Sie: »Nur eine kleine Frist noch, Herr.« Ich: »Einverstanden. Ja, sättige dich nur an deinen Tränen. Weinen erleichtert die Bekümmernis.«

Man sieht, die Antinomie gewinnt an Schärfe: Odysseus ist gutmütiger Bürger und SS-Mann zugleich. Zivilist und Funktionär. Frommer Partner der Götter *und* ein gehorsamer Diener des Apparats, der sein Denken auf Antithesen erbaut hat: nützlich – unnütz; brauchbar – unbrauchbar; dienlich – auszumerzen; manipulierbar – wegzuwerfen.

Der andere Odysseus, nicht der Bloomsche, sondern der Ränkeschmied, den sich, in der Nachfolge griechischer Tragiker, die Römer ausgedacht haben, das ist der Anwalt der eigenen, besseren, ja allein gerechten Sache – ein Advokat der Philosophie, bemüht, Kunst und Ethik, Theologie und Himmelskunde (die Soziologie nicht zu vergessen) in Dienst zu nehmen, um politische Praxis in seinem Sinn zu befördern ... und zwar bewundernswert: mit einem Feuerwerk von Poesie, das er allein entzünden kann.

Lassen sich Diktatur und griechische Ordnung besser als mit den berühmten Sätzen begründen, die Ulysses in Shakespeares *Troilus und Cressida* spricht?

»Die Himmel selbst, Planeten und dies Zentrum,
Reihn sich nach Abstand, Rang und Würdigkeit,
Beziehung, Jahrszeit, Form, Verhältnis, Raum,
Amt und Gewohnheit in der Ordnung Folge;
Und deshalb thront der majestät'sche Sol
Als Hauptplanet in höchster Herrlichkeit
vor allen andern; …
… Doch wenn die Planeten
In schlimmer Mischung irren ohne Regel,
Welch Schrecknis! Welche Plag' und Meuterei!
Welch Stürmen auf der See! Wie bebt die Erde!
Wie rast der Wind! Furcht, Umsturz, Graun und Zwiespalt
Reißt nieder, wühlt, zerschmettert und entwurzelt …
Dann löst sich alles auf nur in Gewalt,
Gewalt in Willkür, Willkür in Begier …«

Ist das die Rede eines weisen Mannes? Ein Hoheslied auf Ordnung, Rang und Harmonie? Apologie des Kosmos, Warnung vor Chaos? Gewiß. Aber vor allem: Indienstnahme mittelalterlicher *ordo*-Gedanken für einen miserablen Zweck – die siegreiche Beendigung eines Krieges, der um eine Hure und einen Hahnrei geführt: um Helena und Menelaos, in Wahrheit nur ein einziges Finale verdiente: Abbruch der Kampfhandlungen, Rückgabe Helenas, Abzug der Griechen, Beginn des Wiederaufbaus in Troja.

Doch eben dies will Odysseus verhindern, und darum muß er zwei jämmerliche Figuren, einen albernen Kläffer namens Ajas und einen Hurenbock namens Achill – zwei Schwadroneure, die sich bei dummdreisten Reden und

feixenden Nachahmungen der Nobilitäten, Agamemnon und Nestor voran, verlustieren – an den ihnen im Rahmen des vernünftigen Ganzen gebührenden Rang erinnern, frei nach der Devise *God made them high and lowely and ordered their estate.*
Aber Odysseus' Gesetzesideologie, so meisterlich sie auch formuliert ist, erweist sich am Ende als ebenso brüchig wie sein Gesang auf eine Welt, die nur aus dem Augenblick lebt und allein das Hier und Jetzt mächtig sein läßt: Sie »schätzt den Staub, ein wenig übergoldet, weit mehr als Gold, ein wenig überstaubt«.
Zwei grandiose Reden – und der Redner: lächerlich von A bis Z, weil die Maximen sich von einer Wirklichkeit desavouiert sehen, die mit den großen Worten nichts mehr gemein hat. *Wenn* der Krieg weitergeht, dann nicht dank der Ideologie des Bellizisten Odysseus, sondern wegen der Mordsucht eines Feiglings – Achill ist gemeint –, der in den Krieg zieht, weil sein lieber Freund umgebracht wurde, Herzbruder Patroklos – und nicht, weil Odysseus so vernünftig über Rangabstufung und Zeitgewicht zu parlieren versteht.
Nein, nicht der Listenreiche, der Ajas gegen Achill auszuspielen versucht, sondern das Gesindel hat das letzte Wort, eine Nutte, ein Berserker, ein Tolpatsch ... und was Odysseus angeht, so muß er bei Shakespeare, zum ersten Mal in der Geschichte der Literatur, den ihm gebührenden Platz einem Narren einräumen: Thersites, den Homer von seinem vielgewandten Gegner noch verprügeln ließ, durchschaut, mit Zoten und provozierendem Witz, jene Huren- und Hahnrei-Wahrheit des Krieges, die sein Gegenspieler mit einer Metaphernrede zu verstellen sucht, um sie eben dadurch, in ihrer Brutalität, sichtbar zu machen ... unfreiwillig allerdings: Wenn Odysseus, im Hinblick auf die Lotterbett-Reden der beiden Gano-

ven Patroklos und Achill, die Ordnung des Weltalls und die Hierarchie der sozialen Ordnung beschwört, dann klingt das kaum anders, als wenn ein Traktat à la Thomas von Aquin im Bordell zum Vortrag gelangt.

Von Shakespeare zum grandiosesten aller Redner gekürt (»Die Zeit trägt einen Ranzen auf dem Rücken, worin sie Brocken wirft für das Vergessen, dies große Scheusal von Undankbarkeit«) ... aber zu einem Redner in falscher Umgebung und vor falschem Publikum, wird der Laudator obsoleter Ordnungen drei Jahrhunderte später, von Giraudoux, im Drama *Der Trojanische Krieg findet nicht statt,* als elegischer Anwalt von Vernunft, Humanität und Frieden verteidigt, nun freilich im Dialog mit Hektor als ein homo vere humanus, der nicht nur König, sondern auch Ehemann und Vater ist und deshalb, ohne alle ideologische Verbrämung, mit leisem Witz, ironisch verhalten, zu argumentieren versteht: »Andromache«, so Odysseus' letzter Satz, ehe der Trojanische Krieg, verursacht durch ein lächerliches Mißgeschick, beginnt, »hat den gleichen Augenaufschlag wie Penelope.«

Ein seltsames Schauspiel! Käme es, hier und jetzt, zu einer Verhandlung in Sachen Odysseus, würden Anklage und Verteidigung die gleiche illustre Zahl von Zeugen, pro *und* contra, aufbieten: hüben Homer, Joyce und Giraudoux, drüben Euripides, Vergil und Seneca.

Und schon begänne der Streit um die Stellung weiterer (pro *oder* contra?) Zeugen: Will man der Sekundärliteratur trauen, dann gehört Shakespeares Odysseus, dank seiner Reden vor geschwätzigen Fürsten und tatendurstigen Buhlern, wegen erwiesenen Verstoßes gegen das rhetorische Prinzip der Angemessenheit eher an die Seite der Anklagezeugen; bedenkt man jedoch die Fürsorglichkeit, mit der eben dieser Odysseus den geprellten Troilus umgibt (»schau nicht hin«, »laß uns gehen«, »ich bitte dich, mach ein End«), dann müßte Shakespeare die ihm zugewiesene Position so rasch als möglich mit einem Platz auf der Verteidigerseite vertauschen, und was Sophokles angeht, so hätte der Verfasser des »Ajas«, Odysseus' Menschlichkeit preisend, von der rechten Seite, der Autor des »Philoktet« hingegen, die Niedertracht des Machiavellisten anprangernd, von der linken aus zu plädieren (oder umgekehrt).

Ein Patt, wohin man schaut ... und dabei stünde das größte Problem noch bevor: Wohin mit Dante? Wie – Shakespare hin, Homer her – die größte Rede einordnen, die Odysseus in den zweitausend Jahren seiner literarischen Exitenz gehalten hat: die Verkündigung der Stimme im »Inferno«, mitten aus der Doppelflamme heraus, die Ulyss und Diomedes umschließt – die Stimme des Odysseus: »Da ich mich losgemacht von Kirke, gab es nichts mehr, was mich fesseln konnte, Vaterglück und Sohnesdankbarkeit und Gattenliebe ... ward alles aufgezehrt in meiner Brust von heißem Drang, durch alle Länder hin des Menschen Wert und Narrheit zu erfahren. Ich fuhr hinaus ins offne hohe Meer auf einem einzigen Schiff mit meiner kleinen Gesellschaft, die niemals mich verließ.«

Aufbruch ins Weite, nicht mehr Begehbare: Ansprache an die Gefährten: »Brüder, die durch hunderttausend Gefahren nach dem Westen seid gelangt, entziehet nicht dem kurzen Lebensabend, der uns noch bleibt, die sinnliche Erfahrung der unbewohnten Welt dort nach der Sonne ... Erkenntnis suchet auf und Tüchtigkeit!« Und weiter, vorwärts und alleweil vorwärts! Die Fahrt zur See in einen tollen Flug verkehrt, von Pol zu Pol und Stern zu Stern: »Da tauchte dunkel in dem fernen Dunst ein Berg herauf und schien mir riesenhoch, so hoch, wie ich noch nichts gesehen hatt'. Wir jubelten. Die Lust war bald

zunichte, denn vor dem fernen Lande kam ein Wirbel, der faßte an der Spitze gleich das Schiff und dreht' es dreimal um im Strudelkreise, beim vierten hob er's hinten auf, und köpflings, wie die fremde Macht es wollte, fuhr's hinab. Dann schloß sich langsam über uns das Wasser.«
Wohin, fragen wir, wenn die Literatur Gericht über Odysseus hält – wohin mit Dante? Auf die Seite der Kläger, weil er die Hybris eines Menschen benennt, der es, weit vor der Zeit, mit Kolumbus aufnehmen kann und so die dem Menschen gesetzte Grenze mißachtet? Ankläger Dante, mit dem Pathos mittelalterlicher Inständigkeit: auf Faust verweisend, als es Faust noch nicht gab? Dante: einen Mann beschuldigend, der kein anderes Ziel kannte, als weiter und weiter zu fahren, Wissen auf Wissen zu häufen und, so der Dante-Interpret Olof Lagercrantz, als Herr der Hölle Lucifer den Rang streitig zu machen? (»Was ist Lucifer neben Odysseus anderes als ein elender Taschenspieler und Nachäffer?«)
Aber – noch einmal Lagercrantz – ist es am Ende nicht eben Dante, der Erzähler der *commedia,* der sich in Odysseus wiedererkennt, der Wanderer durch Hölle, Fegefeuer und Paradies – in jenem Seemann, der, von Wissensdurst und Abenteuerbegierde getrieben, die Grenzen zwischen Zeit und Ewigkeit sprengt?
Odysseus auf den Meeren und Odysseus in Dublin, der gute Odysseus, in seiner Bescheidenheit und humanen Beschränkung, und der faustische Dämon, der eher zur Gilde moderner Gentechnologen als in die Reihe von mittelmeerischen Zwergkönigen paßt, der Bramarbas Odysseus, der, Gewalt verachtend, vor ihr gleichwohl die Segel streichen muß, und Odysseus, der Melancholiker am Rande des Kriegs: Ist es erstaunlich, daß dieser *Eine,* dank der Neutralität seiner ins Gute oder Böse zu transponierenden Intelligenz, die Imagination der Dich-

ter bis zum heutigen Tag deshalb wie kein zweiter gereizt hat, weil er, im Sinne der in den *Aspects of the Novel* von E. M. Forster entwickelten Theorie, Inbegriff eines »runden« Charakters ist? (»Ob es sich um einen runden Charakter handelt«, so E. M. Forster, »ersieht man daraus, ob er uns auf überzeugende Weise überraschen kann. Wenn er uns nie überzeugt, ist er flach. Wenn er nicht überzeugt, ist er flach, tut aber so, als sei er rund. Ein runder Charakter trägt die Unkalkulierbarkeit des Lebens in sich – wohlgemerkt, die des Lebens auf Buchseiten.«)
Odysseus, ein runder Charakter – ich denke, mit dieser Definition läßt sich leben; denn daß er tatsächlich »rund« ist, also widersprüchlich, offen, ambivalent, geprägt von Vieldeutigkeit und Antithetik, das beweisen, Text für Text, die Interpretationen der Gelehrten und Dichter: Welch ein Aufwand von Scharfsinn, um, durch die Deutung selbst einer winzigen Szene, dieser widersprüchlichsten unter allen Mythenfiguren habhaft zu werden.
Ein einziges Beispiel: Odysseus und die Sirenen, analysiert, zum ersten, von Theodor W. Adorno und Max Horkheimer, zum zweiten von Franz Kafka und zum dritten von Brecht.
Zuerst die hohe Philosophie: Odysseus, ein Ich, das die mythische Vorwelt hinter sich gelassen hat: getragen von der Identität der Person, ein mündiges Subjekt also, sieht sich durch die Kunst der Sirenen, mit ihrer Lockung, sein Ich preiszugeben, gefährdet und in seinem Selbst »von Tod und Destruktion«, den Geschwistern des versprochenen Glücks, aufs höchste bedroht. Deshalb stopft er den Arbeitsknechten Wachs in die Ohren, während er sich selbst, alles gut homerisch, an den Mastbaum ketten läßt – und schon wird die Lockung zur domestizierbaren Kunst und der Gefesselte zum gefahrlos applaudieren-

den Konzertbesucher, dessen ungestörten Genuß die auf die Ruderbänke Abkommandierten verbürgen.
Homers Gleichnis: in strikter Trias, so scheint es, gebannt – aber es *scheint* eben nur so. Dem philosophischen Zugriff entgeht die Doppelheit der Personen: das Greifenfüßig-Plumpe der Sängerinnen, die Fähigkeit der Gefährten, sich selbst zu befreien (damit freilich der Lockung des Gesangs zu erliegen: was auch auf Ruderbänken möglich ist, nicht nur am Mast), und schließlich Odysseus' einzigartige Chance, an der Grenze von Frondienst und mythischem Trug ein wahrhaft unentfremdetes Leben zu führen: mit viel Entsagung und der Gewährung hohen Genusses – unter der Voraussetzung freilich, daß die Sirenen tatsächlich singen.
Doch eben dies bezweifelt Kafka aufs entschiedenste – indem er behauptet, die Sirenen hätten überhaupt nicht gesungen, da sie schon von fern her bemerkten, daß Odysseus sich nicht nur am Mast festschmieden ließ, sondern, um ganz sicher zu gehen, die Ohren noch mit einer Handvoll Wachs verstopfte, eine Manipulation, die die Sirenen veranlaßte, zu ihrer schärfsten Waffe zu greifen: dem Schweigen. Und so »sangen, als Odysseus kam, die gewaltigen Sängerinnen nicht, sei es, daß sie glaubten, diesem Gegner könne nur noch das Schweigen beikommen, sei es, daß der Anblick der Glückseligkeit im Gesicht des Odysseus, der an nichts anderes als an Wachs und Ketten dachte, sie allen Gesang vergessen ließ. Odysseus aber, um es so auszudrücken, hörte ihr Schweigen nicht, er glaubte, sie sängen, und nur er sei behütet, es zu hören. Flüchtig sah er zuerst die Wendungen ihrer Hälse, das tiefe Atmen, die tränenvollen Augen, den halb geöffneten Mund, glaubte aber, dies gehöre zu den Arien, die ungehört um ihn verklangen.«

Das Schweigen also statt des mythischen Gesangs – wobei Kafka, in einem Appendix zu seiner Geschichte, die Möglichkeit offenläßt, Odysseus habe das Schweigen sehr wohl bemerkt und sich nur als Abwehrwaffe seiner Entzückung bedient ... eine Version, die, wiederum in einem Appendix, auch Bertolt Brecht gelten läßt: am Schluß einer Sirenen-Variation, die zugleich die kürzeste und gewiß auch die dreisteste ist: »Bekanntlich ließ sich der listige Odysseus, als er die Inseln jener menschenfressenden Sängerinnen, der Sirenen, sichtete, an den Mast seines Fahrzeugs binden, aber den Ruderern verstopfte er mit Wachs die Ohren, so daß sein Kunstgenuß durch ihr Wachs und seine Stricke ohne schlimme Folgen bleiben konnte. In Hörweite an der Insel vorbeirudernd, sahen die tauben Knechte, wie unser Held sich am Mastbaum wand, als strebte er davon loszukommen, und wie die verführerischen Weiber ihre Hälse blähten. Es verlief also scheinbar alles nach Verabredung und Vorhersage. Das ganze Altertum glaubte dem Schlauling das Gelingen seiner List. Sollte ich der erste sein, dem Bedenken aufsteigen? Ich sage mir nämlich so: alles gut, aber wer – außer Odysseus – sagt, daß die Sirenen wirklich sangen, angesichts des angebundenen Mannes? Sollten diese machtvollen und gewandten Weiber ihre Kunst wirklich an Leute verschwendet haben, die keine Bewegungsfreiheit besaßen? Ist das das Wesen der Kunst? Da möchte ich doch eher annehmen, die von den Ruderern wahrgenommenen geblähten Hälse schimpften aus voller Kraft auf den verdammten vorsichtigen Provinzler, und unser Held vollführte seine (ebenfalls bezeugten) Windungen, weil er sich doch noch zu guter Letzt genierte.«
Fazit: Drei Lösungen, eine soziologisch-aufklärerische, eine poetisch-offene und eine plebejisch-provokante ... und alle sind, dem Charakter des Helden entsprechend:

offen und rund, wie er ist, gleich möglich, gleich überzeugend, gleich stimmig – sie und eine vierte, die für mich die wahrscheinlichste ist: Ich glaube, die Sirenen haben weder gesungen noch geschwiegen noch geschimpft, sondern – für Odysseus die größte Verführung – Wissen verkündet, Wissen über Welt, Himmel und Hölle, Wissen über Zeit und Ewigkeit, Wissen von einer Faszination, daß ihr weder der homerische noch der Dantesche noch der Odysseus unserer Zeit widerstehen könnte – ein Odysseus, über dessen Denken und Handeln die Akten der Poeten noch lange nicht geschlossen sind.

Was, zum Beispiel, bleibt zu fragen, unternahm unser Held, als er unerkannt nach Hause kam und – wie bald! – erkannte, daß es Tod für Ungezählte bedeutete, wenn er sich zu erkennen gäbe? Tat er es trotzdem? Oder zog er unerkannt weiter? Angenommen aber, er sei bei Penelope und Telemach geblieben: was hat er gedacht? Glaubte er der Frau, die beschwor, zwanzig Jahre lang standhaft geblieben zu sein? Oder wurde sein Mißtrauen um so größer, je mehr Jahre vergingen? Suchte er Indizien für seine Eifersucht? Fand sie? (Aber waren sie glaubhaft? Blieb er überhaupt *für immer* zu Hause oder nur *für ein paar Wochen,* um aufs neue sein Bündel zu schnüren – ein griechischer Faust und Dantescher Seemann auf großer Fahrt? Und schließlich: Was erwartete einer, der im Totenreich gewesen war und die Worte Achills niemals vergaß: »Lieber der Letzte auf der Erde als der Erste im Hades«, lieber Sklave im Licht als König unter den Schatten« … was erwartete der Pilger Odysseus, der vor Vergil und Dante in der Unterwelt war, von seinem eigenen Tod? Fürchtete er ihn doppelt, da er ihn kannte, und glich jenem Lazarus, der Jesus verfluchte, weil der ihn gezwungen hatte, ein zweites Mal in jenes Reich hinabzusteigen, dessen Schrecken niemand ermessen kann, der nicht unten war?

Und, zuallerletzt, als Nachsatz: Wie waren, zwischen Heimkehr und Tod, die Gedanken eines Mannes, dem Kalypso die Möglichkeit gegeben hatte, unsterblich zu werden, und der es, Ithaka zuliebe, abgelehnt hatte?

Die Akten der Literatur in Sachen Odysseus, diese Papiere, in denen, bis zum heutigen Tag, eine große, wahrhaft Swiftsche battle of books geführt wird, bleiben offen: Dante und Joyce – um von Geringeren zu schweigen – haben nur das *vor*letzte Wort … doch was immer auch geschrieben werden wird – eins, denke ich, ist gewiß: Nur als Anwalt der Humanität, als Zivilist also, hat Odysseus eine Chance zu überleben. Die Joycesche Mitgift steht nicht zur Disposition – um so weniger, als sie sich auf die Autorität keines Geringeren als Platons berufen darf … Platons, der im Schluß des »Staats«, in der berühmten Szene, wo jede Seele ihre künftige Lebensweise auswählen darf, Ajas sich für einen Löwen, Agamemnon für einen Adler, Thersites für einen Affen, Odysseus aber für das Leben eines Privatmanns (griechisch: idiotes) als des von Ehrgeiz freien und von der Unvernunft der Staatsgeschäfte entfernten Bürgers entscheiden läßt. Ein Tropfen Salböl für Leopold Bloom!

Antigone und Elektra: Aufstand gegen das »verteufelt Humane«

Zweiter Diskurs

Zu Beginn des zweiten Diskurses über den Umgang der Schriftsteller mit europäischen Mythenfiguren habe ich einen großen Schritt rückwärts zu gehen (es ist fast schon ein Salto mortale, der da gewagt werden muß): Von Odysseus zu Antigone hinüberwechselnd, beginne ich nicht mit dem im September 1917 aufgeschriebenen Notat eines unbekannten Englischschülers über die Intentionen des Meisters, sondern mit einer der berühmtesten Proklamationen der Weltliteratur, der von Thukydides im zweiten Buch seiner Geschichte des Peloponnesischen Krieges zitierten Leichenrede des Perikles, in deren Zentrum die Verklärung der athenischen Legislative steht: »Wir leben unter einer Verfassung, die nicht eine Nachbildung auswärtiger Gesetze ist: Vielmehr sind wir eher selbst anderen ein Muster, als daß wir andere nachahmen müßten. Unsere Verfassung trägt den Namen Volksregierung – Demokratie!, weil sie nicht zum Vorteil von wenigen, sondern zum Wohl aller eingerichtet ist. Denn bei Rechtshändeln genießen alle, durch das Gesetz, in gleicher Weise das gleiche Recht – und was die öffentlichen Würden, die Ämter, betrifft, so wird jeder nach dem guten Ruf, den er in seinem Fach behauptet, nicht als Mitglied einer besonderen Klasse, sondern nach seiner Tüchtigkeit bei Staatsgeschäften herangezogen: Auch ist niemand wegen seiner Armut durch Unscheinbarkeit des Ranges gehindert, dem Staat, sofern er es vermag, Nützliches zu leisten.«
Liest man, aus dem Abstand von zweieinhalb Jahrtausenden, Perikles' Worte, dann könnte man meinen, im Athen des fünften vorchristlichen Jahrhunderts habe sich das

Zeitalter der Französischen Revolution präfiguriert – das ganze Volk: gleich vor dem Gesetz; kein Prolet, und sei er noch so gering, ausgeschlossen von der Verwaltung der Ämter; bescheidene Handwerker: jederzeit fähig, dank ihrer Tüchtigkeit die Geschicke des Staates zu lenken.

Die Wahrheit freilich sah ein wenig anders aus – und das, um von den nach wie vor bestehenden Unterschieden in der männlichen Klassengesellschaft zu schweigen, aus einem besonderen, geschlechtsspezifischen Grund: Perikles, die Gefallenen ehrend, spricht für Männer von Männern, er redet von Vätern, Brüdern und Söhnen; Frauen aber, denen im Krieg nur eine einzige Aufgabe zukam: das Gebären von Knaben, tauchen erst am Ende der perikleischen Staats-, Helden- und Totenverklärung auf ... und dies in dienender Rolle nach dem letzten Appell an die im Zeichen des Todes vereinigten Männer: »Für euch aber, die ihr als Söhne oder Brüder der Hingeschiedenen anwesend seid, sehe ich einen großen Wettkampf eröffnet: denn jedermann ist gewohnt, den, der nicht mehr ist, zu loben – und kaum werdet ihr, bei so hervorragenden Tugenden, es jemals erreichen, eine Stufe geringer als sie, geschweige denn, ihnen gleichgeachtet zu werden. Soll ich aber (am Ende) auch der weiblichen Tugend derer gedenken, die jetzt im Witwenstand stehen, so will ich in kurzen Worten der Ermunterung alles zusammenfassen. Eure Ehre (Eure *große* Ehre) hängt davon ab, ob ihr den eurem Geschlecht gebührenden Charakter nicht verleugnet; und es ist gut, wenn eurer so wenig als möglich, sei's im Lob, sei's im Tadel, gedacht wird.«

Wir bemerken: Nach einer wahren Orgie der Nekrophilie im Hinblick auf die Lebenden, die sich der geliebten Toten, der fürs Vaterland gefallenen Männer würdig zu erweisen hätten: ihnen nacheifernd in einer Gemeinschaft der Freien und Gleichen – ein rascher, beinahe beiläufig-verlegener Blick auf die Hinterbliebenen des nachgeordneten Geschlechts: Gebt den Bestatteten die Ehre, indem ihr dort bleibt, wo ihr ohnehin seid: im Dunkel, fern von Markt, Geschäft und Politik, und geduldet allenfalls bei Totenfeiern, rituellen Festen und, in Ausnahmefällen, theatralischen Spielen. Ansonsten: Verharrt im Haus – im Hintergeschoß, der Gynaikonitis.

Eine griechische Frau (nachzulesen in Sarah B. Pomeroys Buch *Frauenleben im klassischen Altertum*) war, ums auf den Begriff zu bringen, nicht viel mehr als ein unmündig Ding: verheiratet – Ausnahmen bestätigen die Regel – im allgemeinen nach der Pubertät, im Alter von vierzehn Jahren, mit einem Mann um die dreißig, eingeschworen auf strikte Beachtung der Pflichten, das Keuschheitsgebot allen voran (ein Grund, warum sich Vergewaltigung lässig, Verführung dagegen drakonisch bestraft sah: sie setzte das Einverständnis einer Partnerin voraus ... kam aber häufig vor in einer Zeit, da der Geschlechtsverkehr dreimal im Monat für eine junge Frau als durchaus angemessen galt).

Dennoch waren die Sexualgebote die harmlosesten Präskripte im Athen der großen Zeit, der auf dem Gebiet der Kultur unerreichten Epoche: Perikles und Phidias, Thukydides und Sokrates, Aischylos, Aristophanes e tutti quanti! Weit entwürdigender als die – leicht zu übertretenden – Verhaltensnormen, bei gewahrter ehelicher Sexualmoral, waren die sozialen und politischen Gebote, die, konsequent befolgt, auf eine totale Isolation der Frauen abzielten. Rechte und Pflichten des »zweiten« Geschlechts: nicht einmal registriert. Die Frau: die Unperson schlechthin. (Und das blieb sie, wenn sie niederen Standes war, bis in unser Jahrhundert hinein: Dienstmädchen wurden im Berliner Adreßbuch noch während des Kaiserreichs nicht erwähnt.)

Eine Frau: das war ein auf den Mann bezogenes, vom Mann abhängiges, vom Mann ernährtes und durch den Mann lebendes Wesen … ein Wesen, das zeitlebens unter der Ägide eines Vormunds stand: des Vaters, des Ehemanns oder des Bruders. Die Mitgift: vom Vater verwaltet.

Kein Wunder, noch einmal, daß, so betrachtet, eine Frau, ihrem Lebensalter entsprechend, zunächst Tochter, dann Eheweib, dann Mutter war – aber niemals: sie selbst. Die Frau: eine Reproduktionsmaschine der Gattung – glücklich, wenn sie Söhne, beklagenswert, wenn sie Töchter gebar – sie, die man im Haus einschloß, weitab vom geselligen Männerverkehr, und durch den Ausschluß von der Öffentlichkeit domestizierte.

Allein das Reich des Privaten war Frauenbezirk; Männer hingegen ergingen sich auf dem Markt, im Theater und im Stadion, handelten, debattierten, trieben Sport.

Frauen hingegen hatten, wie Perikles es ihnen befahl, im Verborgenen Würde und ihnen zugestandene Menschlichkeit zu bewahren: als ein lebendiges Nichts.

Und, mit *solcher* Wirklichkeit verglichen – einer Wirklichkeit, die, zu Beginn unseres zweiten Diskurses, ausführlich behandelt sein wollte –, nun der Aufzug strahlender Frauenfiguren auf dem Theater: die Parade der Heroinen, die, in der Unbedingtheit ihrer Aktionen, den Männern nicht nur Paroli boten, sondern sie zu ihnen Nachgeordneten machten: Jason: ein Schwächling vor Medea; Admet: ein Jammerlappen, der Alkestis für sich sterben läßt (mag sie denn hinabgehen zum Hades: Hauptsache, der chef de la famille überlebt!); Aigisth: ein Wicht, mit Klytaimestra oder gar Kassandra verglichen; Orest: ein junger Mann, dem Elektra die Kunst des Räsonnierens vorexerziert; Lysistrate, eine grandiose Figur, die, mit Witz, Erfindungskraft, Ironie und Einfallsreichtum die schon ein wenig gebrechlichen alten Kämpfer (»Ach, Jungs, nichts geht doch über Männerschweiß«) lächerlich macht und Perikles' Aufforderung »Mulier taceat in bello« durch einen ebenso entschiedenen wie bewegenden Gegenentwurf widerlegt, eine Revokation, die, aus der Sicht einer Frau, exemplarisch aufzeigt, was es bedeutet, in der Politik von jeder Mitbestimmung ausgeschlossen zu sein – selbst dort, wo es um Fragen von Leben und Tod geht. Hören wir (gut aristophanisch, wenngleich frei übersetzt) Lysistrates Klage – formuliert, für uns Heutige, in der Weise einer antiperikleischen Demonstration:

»Wie folgsam sind wir gewesen,
wir Frauen,
geduldig in Zeiten der Not
und gehorsam im Krieg.
Nicht einmal zu seufzen
war uns erlaubt,
das Weinen verboten:
Es konnte euch stören.
Wir schwiegen,
wir blieben zu Hause,
aber wir merkten uns gut,
was ihr sagtet:
Gerede im Wirtshaus
und lässige Worte im Rat.
Ach! Die wichtigsten Dinge,
Krieg, Leben und Tod,
wie Hurengeschichten verhandelt.
Habt ihr gesehn, wie wir weinten?
Die Tränen bemerkt,
wenn ihr heimkamt,

lachend, ein bißchen betrunken:
»Sag«, fragten wir, »Lieber, was habt ihr beschlossen, am Morgen, gibt's Krieg?«
»Was geht das *dich* an?« hieß es dann.
»Krieg, Frau, ist Sache der Männer.«

Aristophanes contra Perikles, Antigone contra Kreon, das Theater gegen die Politik, die Utopie des Poetischen gegen die Inhumanität des Sozialen: dies war – cum grano salis, wie sich versteht – die Konstellation in einer Zeit, als Perikles die Leichenrede hielt – ein Jahrzehnt ungefähr nach jenem Frühjahr, als die sophokleische *Antigone* aufgeführt wurde – ein Drama, das seinen genauesten Kenner, den im Tübinger Stift mit zwei anderen Sophokles-Bewunderern und -Nachahmern, Hölderlin und, in geringerem Maß, Schelling, debattierenden Hegel, im Laufe der Jahre zu einem wahren *Antigone*-Fanatiker machte: *Antigone,* immer wieder *Antigone* – erwähnt, wo es nur ging: »Von allem Herrlichen der alten und der modernen Welt – ich kenne so ziemlich alles, und man soll es und kann es kennen« –, heißt es in Hegels, des *Antigone*manen *Vorlesungen über die Ästhetik,* »erscheint mir ... die *Antigone* als das vortrefflichste, befriedigendste Kunstwerk.«
So weit – so gut: Antigone – eine Figur, die, exemplarisch und verpflichtend bis zum heutigen Tag, aus dem Dunkel heraustritt: »Schaut her – eine Frau. Und schaut ein zweites Mal: ein Mann, ein Narr, der Kreon heißt.«
Der König – ein verblendeter Wicht? Kein Zweifel, da würde Hegel, bei aller Bewunderung für Antigone, sein Veto einlegen – prinzipiell und entschieden: Möge Antigone – darauf bestünde er mit großem Ernst – *gleichberechtigt* sein, *überlegen* sei sie Kreon keineswegs – im Gegenteil, da ja das Drama, wie er oft geschrieben habe,

auf der Auseinandersetzung zweier gleichberechtigter Prinzipien beruhe: »Auf eine plastische Weise«, so Hegel in den *Vorlesungen über die Philosophie der Religion,* »wird die Kollision der beiden höchsten sittlichen Mächte gegeneinander dargestellt in dem absoluten Exempel der Tragödie, *Antigone;* da kommt die Familienliebe, das Heilige, Innere, der Empfindung Angehörige, weshalb es auch das Gesetz der unteren Götter heißt, mit dem Rechte des Staates in Kollision. Kreon ist nicht ein Tyrann, sondern ebenso eine sittliche Macht. Kreon hat nicht Unrecht; er behauptet, daß das Gesetz des Staates, die Autorität der Regierung geachtet werde und die Strafe aus der Verletzung folgt. Jede dieser beiden Seiten verwirklicht nur die eine der sittlichen Mächte, hat nur die eine derselben zum Inhalt. Das ist ihre Einseitigkeit.«
Und nun, stelle ich mir vor – in einem Gedankenspiel, das ich während meiner Mythendiskurse noch öfter durchführen möchte –, Hegel hätte seine These im Hades oder im Olymp der Poesie den dort versammelten Schriftstellern, Essayisten und praktizierenden Dramatikern (an ihrer Spitze: Bertolt Brecht) vorgetragen: Was wäre die Antwort? Zustimmung, Entrüstung, frenetische Akklamation? Alles, bunt durcheinander, wahrscheinlich – und diese Buntheit eben, dieses Pro und Contra, dieses unermüdliche Aufeinandereingehen und Einanderwidersprechen, macht den Reiz der Mythenrezeptionen aus: Zum achtunddreißigsten Mal Amphitryon, zum vierhundertsten Don Juan, zum tausendsten Hamlet – und warum? *Sehr einfach:* Um mit Hilfe der Variationen die Differenz zwischen dem (wenn auch nicht allen, so doch den meisten Lesern, Hörern, Zuschauern bekannten) Urbild und dem eigenen Nachbild zu demonstrieren: *Das war einmal, und das ist jetzt; das wurde früher gesagt, und das sage ich heute – beachte jedermann den Unter-*

schied, die Umkehr, die Zutat, den inszenierten Dissens zwischen Gestern und Heute – einen Dissens, der Abgelegtes plötzlich wieder modern macht, Verkanntes neu zur Diskussion stellt, Bildungsgut in existentielle Konterbande verwandelt und Traditionsballast als quicklebendige Mitgift erweist.

Nicht um Odysseus', Antigones, Elektras, Hamlets willen also werden immer neue Variationen erfunden, sondern um der verläßlichen, mit Hilfe offener oder »runder« Mythenfiguren bewirkten Darstellung gegenwärtiger Konstellationen willen ... und, um auch das nicht zu verschweigen, bisweilen auch aus ertrotzter List: Wenn in Diktaturen Aufsässigkeit nicht gezeigt werden darf, auf dem Theater hilft immer noch, für die Herrschenden mit der Patina der Klassizität belegt, eine Antigone weiter, und wenn ein Funktionär ins Rampenlicht gerückt werden soll, kann in widrigen Zeiten, da keine Direktbenennung, sondern nur die Sklavensprache möglich ist, immer noch ein Funktionär namens Odysseus, zum Kopfschütteln der Unwissenden, aber mit Applaus der Eingeweihten, den Primpart übernehmen. (Die DDR war nicht ohne Grund einmal ein Dorado für anspielungskundige, die Sklavensprache der Dichter durchschauende Altphilologen.)

Kurzum, Brecht, Anouilh und Kierkegaard, Hochhuth, aber auch der Autor der Diskurse über Mythenfiguren sind nicht an philologischer Penibilität interessiert, die darauf abzielt, jede Person als naturwüchsig und unmittelbar zu Gott (oder zu Jupiter oder Zeus) zu verstehen: ihnen geht es vielmehr um das faszinierende Spiel, sich selbst und ihre eigene Zeit vor dem Hintergrund munter agierender Sagenfiguren: angesiedelt an der Grenze von Perfekt und Präsens, deutlicher und tiefenschärfer, plastischer und verweisungskräftiger darzustellen, als es

durch mythenferne, allein aufs Hier und Jetzt beschränkte »Direkt- und Spontansetzung« – will heißen eine unkontrollierbare, aus jedem Bezugsfeld entfernte Neukreation – geschehen könnte.
Darum immer wieder Antigone, Hegels himmlische Figur, Perikles' geheime Gegenspielerin, Brechts Geschwisterkind und Anouilhs Nein-Sagerin, Sophokles' Mädchen (ich sage *Mädchen,* weil – Heiratsalter, wie gesagt: ungefähr vierzehn – Haimons Verlobte mit Sicherheit ein Teenager war, also eine Rolle für Anfängerinnen auf unseren Bühnen und nicht für die auf jung getrimmte grande dame des Theaters) ... Sophokles' Mädchen, das den großen Mann und König, wie man heutzutage sagt, ziemlich »alt aussehen« läßt.
Einspruch von Hegel? Zurückgewiesen. (Respektvoll, selbstverständlich, aber entschieden.) Zurückgewiesen die These aus den *Vorlesungen über die Ästhetik:* »Kreon, der König, hat als Oberhaupt der Stadt das strenge Gebot erlassen, der Sohn des Ödipus, der als Feind des Vaterlandes gegen Theben herangezogen war, solle die Ehre des Begräbnisses nicht haben. In diesem Befehl liegt eine wesentliche Berechtigung, die Sorge für das Wohl der ganzen Stadt. Aber Antigone ist von einer gleich sittlichen Macht beseelt, von der heiligen Liebe zum Bruder, den sie nicht unbegraben den Vögeln zur Beute kann liegenlassen. Die Pflicht des Begräbnisses nicht zu erfüllen, wäre gegen die Familienpietät, und deshalb verletzt sie Kreons Gebot.«
Ein Patt also; Streit zweier gleichberechtigter Prinzipien mit unentschiedenem Ausgang? Hier die Familie, dort der Staat – und beide haben recht, sich um der Totalität einer alle Bereiche umspannenden Gesellschaftsmoral willen gegen den Widersacher, mit seiner bornierten, nur aufs Eigene starrenden Einseitigkeit, zu behaupten? Aber –

fragen wir die Schriftsteller, denen die Sache der »himmlischen Antigone« am Herzen liegt, und fragen wir selbst – tritt in Sophokles' Schauspiel wirklich, auf einer Ebene vereint, Würde gegen Würde an, Recht gegen Recht?

Schauen wir hin! Morgendämmerung (im Stück und auch im Theater: Man begann früh, die Athener kamen mit Lämpchen ins Spielhaus am Rande der Stadt); zwei Mädchen vor der Kulisse des thebanischen Königspalasts: eine, Antigone, entschieden, ja – pardon! – »maskulin« argumentierend (»Machst du mit bei der Bestattung? Ich jedenfalls bin entschlossen«), die andere, Ismene (sie könnte auch Chrysothemis heißen, und Antigone hieße Elektra), konsequent beharrend auf der von Perikles für Frauen festgesetzten Position: »Unmöglich ist es, dem Gebot zum Trotz zu handeln. Tollkühn bist du, Schwester, wenn du tust, was Kreon uns verwehrt; bedenk, daß wir nur Frauen sind – Frauen, die nicht mit Männern kämpfen sollten.«

Hier der Wille zum Unbedingten, aber auch Vernünftigen, dort Zögerlichkeit und Bedenken; familiäre Emphase: ohne Rücksicht auf Männerverbote gegen ängstliches Sich-Entziehen (nach dem Motto: »In der Theorie sehr wohl, in der Praxis keineswegs«), ein Ausweichen, unter Berücksichtigung der Machtverhältnisse.

Die Fronten sind, fürs erste, klar: fehlt nur noch der dritte, der König Kreon – der als nächster spricht – und *wie* er spricht!

»Mein ist der Thron. Ich bin der nächste Angehörige der Toten. Unmöglich aber ist es, jeden Mannes Herz, Gesinnung, Meinung zu erfahren,/ bevor er sich in Amt und Würden ausgewiesen hat. Mir nämlich scheint der Mann, der an der Spitze eines Staates steht/ und nicht den besten Ratschluß stets befolgt,/ nein, der aus Angst den Mund verschließt,/ ein solcher Mann schien mir schon je ein

Schuft zu sein./ Der Mann, der seine Freunde höher achtet als sein Vaterland – der ist nichts wert in meinen Augen.«

Ich und die anderen; ich und mein eigener Entschluß; ich und der Staat; ich: ohne Volk. Ich, ich, ich: Spricht so die Vernunft, so das Prinzip staatlicher Ordnung? Zweifel, zumindest, sind schon jetzt angebracht – Zweifel, die zur Gewißheit werden, nachdem der Wächter, einer der ersten – und bedeutendsten! – Shakespeare-Clowns auf der griechischen Bühne, Nachricht von der Bestattung gibt (nicht Bestattung, natürlich, in unserem Sinn: ein paar Häufchen Sand auf den Leib geworfen – das reichte aus).

Jetzt, post factum, zeigt Kreon sein wahres Gesicht: »Männer sind hier in der Stadt,/ die heimlich murrten gegen mich, schon lange,/ und nur mit Mühe mir sich beugten./ Sie schütteln die Köpfe. Sie halten den Nacken nicht unter das Joch./ Sie folgen mir nicht./ ... sie waren es, die Männer kauften, diese Tat zu tun./ Es gibt nichts Schlimmeres als Geld für Menschen./ Das Geld zerstört die Städte, Geld treibt/ die Männer von Haus und Hof./ Geld ist ein großer Magister./ Geld verführt den Geist des Tüchtigen zu böser Tat./ Das Geld schafft Gottesfrevel überall./ Jedoch die Täter, die bestochenen, die diese Tat verübten, werden ihrer Strafe nicht entgehn.«

Jetzt, denke ich, ist die Wahrheit endgültig zutage getreten: Der Vertreter des Staats – ein Tyrann, der einen einzigen Gedanken hat: Es gibt eine Opposition, hier im Land, gegen mich; die Opposition ist gefährlich; die Opposition verfügt über Geld; die Opposition hat Leute gekauft, die dem Toten – einem Landesverräter! – die Ehre erweisen, um mich zu demütigen; die Opposition wird ausgemerzt und ihr Werkzeug zerbrochen: an den Galgen mit den gedungenen Kreaturen der Opposition!

Eine vernünftige Rede – dieser Wutausbruch eines Tyrannen, der bis ans Ende des Stücks das Wort Geld groß, das Wort Gott hingegen klein schreiben wird? Vernunft des Staatsprinzips? Im Gegenteil! Die pure Unvernunft eines Caesaren, der in jenem Augenblick, da die Zuschauer wissen, daß es ein Mädchen war – ein halbes Kind, noch nicht einmal ein Twen –, das sich auf den Weg gemacht hat, die Opposition für diese Tat verantwortlich macht und der die fromme Tat eines Mädchens mit den Machinationen einer Parteiclique verwechselt – Kreon, ein blinder, gottgeschlagener Mensch, der nicht einmal fähig ist, im Augenblick, da Antigone vor ihm steht (»Ich war's, ich hab's getan, ich leugne es nicht ab«), einzugestehen, wie sehr er sich irrte.
Dieser Mann bleibt sich gleich, in seinen starren Fixierungen auf binäre Rechnungen (der Gute – die Schlechten; Ich und die Welt; der Mann, der nicht zum Weib werden darf – die Frau, die Frau zu bleiben hat; der Staat – das Geld; der Monarch und die Plutokratie der Aufsässigen) … Antithesen, die einem einzigen Denkmuster folgen: oben ist oben und unten ist unten, und die von Kreon nicht nur Antigone, sondern auch dem Sohn und – schließlich – dem Priester gegenüber mit einer Wut geäußert werden, die nahe daran ist, in Wahnsinn überzuspringen: »Ich bin der Mann und habe zu befehlen, sie ist die Frau und hat zu gehorchen.«
Da drehen Antinomien, die von der Wirklichkeit längst widerlegt worden sind, sich um sich selbst; da zeigt sich am Ende ein Mann als jenes Nichts, das er von Anfang an war, während Antigone, im Augenblick des näherrükkenden Tods (der Hades: zum Greifen; das Leben, mit Gefährtinnen und hochzeitlichem Glück: immer weiter entfernt), nicht nur die eigene Welt sieht, in der die Freund-Feind-Opposition keine Gültigkeit hat, sondern

auch die Bezirke staatlicher Ordnung gewahrt und, im Zustand purer Angst, schroffe Gegnerschaft in eine Klage münden läßt, die jene Totalität des Kosmos aufleuchten läßt, die Kreon noch im Moment der Katastrophe, da für ihn alles dahin ist, verfehlt.

»Unbeweint, freundlos,/ ohne den Hochzeitsgesang:/ so führen sie mich Arme ab./ Der Weg zum Tode liegt vor mir./ Nie wieder darf ich schauen/ des Sonnenlichts heiliges Auge./ Kein Freund beweint meinen Tod.« Im Unterschied zu Kreon, der nur er selbst ist – also, wenn überhaupt etwas, wenig genug –, kann Antigone hassen und lieben, abweisen und zugestehen, rational kalkulieren und weinen, auf ihr Recht pochen und gleichwohl das letzte Wort nicht sich, sondern die Götter sprechen lassen: »Aus Frömmigkeit hab ich den Ruf der Frevlerin erworben./ Wenn das die Götter wollen, werde ich durch Leiden meine Schuld bezahlen. Jedoch, wenn diese [Kreon und die Wachmannschaft, die mich ins Totenhaus bringen, das Felsengrab unter der Erde] schuldig sind, dann mögen sie nichts Schlimmeres erleiden, als sie wider Recht an mir getan.«

Wie schrieb Hugo von Hofmannsthal im *Vorspiel zur Antigone des Sophokles?* »Dies strahlende Geschöpf ist keines Tages! ... Ich bin der schwesterlichen Seele nah, ganz nah, die Zeit versank.«

Anno 1900 geschrieben, ein wenig pathetisch und Hegel zu Recht konterkarierend, gleichwohl allzu feierlich. Nüchternheit tut not, wenn es gilt, Antigone ins Hier und Jetzt heimzuholen – sie und Elektra, die in gleicher Weise wie Ödipus' Tochter aus der *Treue* heraus handelt: der Treue zum Vater, hier Ödipus, dort Agamemnon, und der Treue zum Bruder: hüben Polyneikes, drüben Orest.

Heimholen in die Gegenwart, Grundimpuls – und oft genug: einziger Antrieb – für die Schriftsteller, wenn's darum geht, eine Mythenfigur umzufunktionieren ins Zeitgenössische: das ist leicht gesagt und schwer getan – zumal im Fall einer Frau (bleiben wir bei Antigone, Elektra möge sich noch eine Weile gedulden), die sehr zu Recht – von eben jenem Hegel, dessen Interpretation, so denke ich, auf keinen Fall zu halten ist – als das »herrlichste Geschöpf« bezeichnet worden ist, »das je auf Erden erschienen«.

Und dennoch haben die Poeten, allen Schwierigkeiten zum Trotz, eine Reihe von Möglichkeiten durchdacht, selbst diese Vollkommene (Protagonistin in einem gleichfalls vollkommenen Drama) ins Hier und Jetzt zu transponieren.

Radikale Aktualisierung des Stoffs, Verwandlung Antigones in eine Figur der Résistance gegenüber politischer Willkür faschistischer (mutatis mutandis auch realsozialistischer) Prägung: das wäre die nächstliegende Lösung. Antigone als Partisanin, Kreon als Vollzugsgehilfe der Mörder, der Chor als Sprachrohr der Bankiers: Wir sprechen vom »Antigone-Modell« Bertolt Brechts – wobei wir uns bewußt sind, daß, wäre er anwesend, Brecht sich dagegen verwahrte, in seiner Antigone ein Symbol der Résistance gegen den Hitler-Faschismus zu sehen: »Die große Figur des Widerstands im antiken Drama repräsentiert nicht die Kämpfer des deutschen Widerstands, die uns am bedeutendsten erscheinen müssen« – was für den Zuschauer heißt: Keine vorschnelle Übereinkunft mit Antigone, sondern Betrachtung aus gelassener Distanz, welche Faktoren gegeben sein müssen, damit, wie in Theben und Deutschland geschehen, »die Staatsspitze zerfällt«: Polyneikes' Fahnenflucht (im Vorspiel verdeutlicht), Antigones Rebellion, der Widerstand der Bankiers, die *verdienen* wollen und nicht *verlieren,* die Misere des Krieges, das Erstarken des Feindes (sprich: der Sowjetunion), schließlich die Katastrophe (im Winter, vor Stalingrad) – das alles erscheint als plausibles Konstrukt, ideologisch konsequent, gut Brechtisch in der Ausarbeitung der Stellvertreter-Theorie (Kreon besorgt die Geschäfte des Kapitals), als Kunstwerk aber mißlungen. Warum? Ich denke, weil Antigone, auf der Bühne, die Theorie des Stückeschreibers ad absurdum führt: weil sie zu stark und zu überzeugend ist, um sich den ihr beigesellten Maximen zu fügen ... weil die Sätze in der Auseinandersetzung mit Kreon (»und wir beugen die Nacken und schleppen euch Opfer und hinfällt, also geschwächt, ein Mahl den Fremden, die Stadt uns« und: »denn es sieht der Mensch, den Nacken gebeugt, nicht was auf ihn zukommt. Nur die Erde sieht er, und ach, sie wird ihn bekommen« und: »göttlich mag sie wohl sein, die Ordnung des Staates, aber ich wollte doch lieber sie menschlich, Kreon, Sohn des Menökeus«) ... weil Sätze wie diese, in ihrer überzeugenden Konkretisierung des antiken Modells: ihrer verbindlichen Zuspitzung und politischen Verweisungskraft zu beeindruckend sind, als daß der Zuschauer, Brechts Lieblingshaltung, der Entspanntheit des Rauchers anheimgegeben, sich in der Lage sähe, dem Lehrstück vom Verfall der Staatsspitze belehrt und heiter zu folgen.

Nein, mit einer Figur wie Antigone läßt sich nun einmal nicht spaßen; diese Frau ist durch ideologische Handlungsanweisungen nicht verfügbar zu machen: Da muß einem schon mehr einfallen als: Destruktion genuiner Antigone-Sätze durch Dogmen-Beigabe und lässiges Beibehalten vorgegebener Sätze vom Schlage des Zitats: »Nicht mitzuhassen, mitzulieben bin ich da« – jener Büchmann-Sentenz, die keineswegs besagt: »Ich, Antigone, bin lautere Liebe«, sondern vielmehr: »Ich bin Freund meiner Freunde; ich liebe die Brüder in gleicher Weise. (Aber hassen kann ich auch.)«

Ich meine, die Geschichte der Protagonistin des Widerstands gegen *jede* Form von Unterdrückung ist noch nicht geschrieben, und die politisch argumentierende Antigone, die keine Ideologie auf ihr Prokrustesbett zu spannen vermag, wartet weiterhin auf ihren Poeten: Peter Weiss hätte sie beschreiben können, an der Seite Karin Bojes, in der *Ästhetik des Widerstands:* als Gegenfigur zu Herakles, der am Ende denn doch eher unsicherer Gesell als verläßlicher Parteigänger ist. Oder Dürrenmatt, vielleicht, der in einem unveröffentlichten Fragment, *Gedankenfuge,* Antigone eine »religiöse Terroristin« nennt. (Ich bin sicher, man hätte's ihm ausreden können.)

So wie die Dinge stehen, müssen wir uns, fürchte ich, damit bescheiden, daß Antigone entweder verkümmert, weil ihre dogmatische Mitgift zu stark ist, oder daß sie, wie Anouilhs Protagonistin, als störrisches Kind von einem Kreon besiegt wird, der, da auf der Gegenseite nichts als »Nein« und »Ich« gesagt wird, eine prächtige Gelegenheit erhält, Antigone seinen »Null ouvert« hinzublättern: Die Karten auf den Tisch! Was zählen Asse, in einem Moment, wo es um Siebenen und Achten geht (sprich: um bescheidene Normalität)? Was heißt schon Kreuzbube, wenn sich der Allmächtige bescheiden zwischen Zehn und Dame einreihen muß: Mag Antigone getrost ihre donnernden Negationen artikulieren – Stich! Und Stich! Und Stich! –, Kreon kann es nur recht sein; schließlich wird nicht Grand, sondern Null ouvert gespielt, wobei der bekanntlich gewinnt, der's mit den Kleinen hat – ein schlauer Bursche, der das Leben kennt und weiß, daß man sich ducken muß … einer, der das Ja zum alltäglichen Glück mit dem Getöse des großen Nein

konfrontiert, ein Politiker also, der gern in der Hinterhand sitzt und, bleiben wir beim Skat, lieber einen ordentlichen Null als einen gefährlichen Grand ohne vier spielt. (Ein Ja-Sager von Kreons Art – einer, der die These vertritt, daß es ohne Kompromisse in der Politik nun einmal nicht geht, ist ein Freund des »geringeren Übels«.)
Anouilhs Kreon, der Garant bürgerlicher Zufriedenheit und Anwalt der Wohlfahrt von Bourgeois, die ihre *citoyen*-Träume längst nicht mehr wahrhaben wollen: Kreon erscheint als Verwandter jenes Aigisth aus der *Elektra* Giraudoux', der – in Agamemnons Palast – von den gleichen Problemen gequält wird wie sein Amtsbruder in Ödipus' Haus: Warum, in Teufels Namen, kann nicht Frieden sein auf der Welt? Warum müssen immer Leute kommen, junge Mädchen vor allem, die sich anmaßen, um der Gerechtigkeit willen die Welt aus den Angeln zu heben ... halbe Kinder, die ihre Ehre drein setzen, in den Spuren der Väter zu gehen, in Spuren, die verschmutzt sind von Inzest und Mord, Blut und Gewalt?
Ich stelle mir vor, Anouilhs Kreon unterhielte sich mit Giraudoux' Aigisth über Antigone und Elektra – welch ein Konsens ergäbe sich da unter den Herrschern, sobald Aigisth erklärte: »Wenn es den Göttern seit zehn Jahren nicht mehr gelingt, sich in unser Dasein zu mischen, dann nur, weil ich dafür gesorgt habe, daß Träumer, Maler und Chemiker heiraten müssen. Ich dulde zwischen unsern Mitbürgern keine moralischen Unterschiede, damit die Menschheit vor den Augen der Götter keine Farben und Unterschiede bekommt. Darum habe ich immer so getan, als ob ich kleinen Verbrechen ungeheure Bedeutung beimäße und über große Verbrechen nur lächeln könnte. Nichts ist der göttlichen Beständigkeit zuträglicher, als

wenn Mörder und Brutdiebe in gleicher Beleuchtung erscheinen.«

Ganz d'accord, lieber Freund, würde Anouilhs Kreon erwidern, würde Wein nachschenken und seinem Konfrater erklären, was er, in beinahe wörtlicher Übereinkunft mit Aigisth (beiderseitiges Lächeln und Nikken), seiner Nichte Antigone vorgehalten habe, als sie Ödipus' Hochmut, will heißen: die Faszination durch Tod und grandiose Verbrechen, gegen ihn ausgespielt hatte: »Theben, meine Liebe, hat das Recht auf einen Fürsten ohne Tragödien. Ich heiße nur Kreon. Gott sei Dank! Ich stehe mit meinen beiden Füßen auf der Erde. Meine beiden Fäuste habe ich fest in der Tasche. Da ich der König bin, habe ich mit weniger Ehrgeiz als dein Vater beschlossen, ganz einfach mich dafür einzusetzen, die Ordnung dieser Welt, wenn das möglich ist, etwas weniger sinnlos zu gestalten. Das ist kein Abenteuer. Das ist ein Handwerk für alle Tage, und es ist nicht immer unterhaltsam, wie das bei jedem Handwerk der Fall ist. ... Könige haben Wichtigeres zu tun, als ... pathetische Gesten zu vollbringen, mein kleines Mädchen.«

Und so weiter und so fort: Parlando auf seiten der Könige, ein Gespräch, das von Weltweisheit geprägt ist, von Skepsis und Einsicht in jenes Mögliche, das zugleich das Notwendige sei. Ich bin sicher, sie würden sich vortrefflich verstehen, Aigisth und Kreon – Kreon, der dem gereiften Mörder, ihm gegenüber, die Jugendsünde verziehe: »Mein Gott, Sie waren jung, lieber Freund, Klytaimestra schön und Agamemnon, wie jedermann weiß, ein leibhaftiges Ekel. Lassen wir die Vergangenheit ruhen.«

Ein verständlicher Wunsch – und sogar erfolgreich, wären da jene zwei nicht gewesen, Antigone und Elektra, die sich in gleicher Weise zu einem niemals endenden *da capo* steigerten wie auf der Königsetage die Herrscher.

Wie würde Giraudoux' Elektra applaudieren, wenn Anouilhs Antigone, ein wenig außer Atem, ihr Bekenntnis artikulierte: »Ihr widert mich alle an mit Eurem Glück! Mit Eurem Leben, das man lieben muß, koste es, was es wolle. Man könnte meinen, es wären Hunde, die alles belecken, was sie finden. Diese kleine Chance für alle Tage, wenn man nicht zu anspruchsvoll ist. Ich will alles sofort – und ganz. Oder aber ich verweigere es. Ich will nicht bescheiden sein und mich mit einem kleinen Stück begnügen, wenn ich schön brav gewesen bin. Ich will heute sicher sein, daß es alles sei und daß es schön sei und daß es so schön sei wie damals, als ich ganz klein war. – Oder sterben.«

Oder sterben: alles oder nichts, der Kompromiß oder das Absolute, die Banalität des Lebens oder die vollkommene Gerechtigkeit – erstrebt selbst um den Preis der Vernichtung der physischen Existenz von Tausenden, die unschuldig sind: Diese Antithese wird, am Beispiel zweier griechischer Mythenfiguren, von Giraudoux und Anouilh mit jener Art von besessener Stereotypie durchgeführt, die es einfallsreichen Philologen ermöglichte, mit Hilfe aparter Kombinationen die Argumente der vier Protagonisten unter dem Titel *Ein Diskurs über Sachzwänge und tödliche Utopien, ausgetragen zwischen zwei Politikern im reiferen Alter (Lieblingslektüre: Max Weber) und zwei Fundamentalistinnen, einem Teenager und einem Twen (Lieblingslektüre: studentische Flugschriften von 68)* derart zusammenzufügen, daß Elektra Sätze von Antigone spräche, während Antigone, auf das Stichwort von Kreon (pardon, natürlich Aigisth): »Es gibt Wahrheiten, die ein Volk töten können«, in Elektras Rolle schlüpfend, erwiderte: »Und es gibt Blicke

erloschener Völker, die ewig leuchten. Gebe der Himmel, daß dies auch das Schicksal von Argos wird! Aber seit dem Tod meines Vaters, seitdem das Glück unserer Stadt auf Ungerechtigkeit und Frevel gegründet ist ... mag Argos äußerlich noch gedeihen, mag es singen, tanzen und siegen, mag der Himmel über ihm glänzen – in Wirklichkeit ist es ein Keller, für den man kein Auge mehr braucht. Die Kinder, die hier geboren werden, nehmen in Blindheit die Brust.« (Darauf Aigisth – alias Kreon, oder umgekehrt: »Das Zerren vor die Öffentlichkeit kann alles nur schlimmer machen.«)
Kurzum, mit ein bißchen Leim und Papier lassen sich, selbst bei bescheidenem Kunstverstand, vier Rollen aus zwei französischen Stücken mühelos kontaminieren; doch das spräche keineswegs gegen Autoren, die ihre ganze Kraft daransetzen, vergleichbare Figuren in vergleichbaren Situationen vergleichbare Sätze sagen zu lassen – vergleichbare, wohlgemerkt, doch keineswegs identische: Soviel sich immer kleben, leimen oder retouchieren läßt: an eigener Formulierung bleibt, ungeachtet aller Stereotypien, noch immer genug – und eben das gibt den Rekapitulationen der Mythen ihre Faszination: schon eine *winzige* Abweichung vom überlieferten Muster genügt, um jene Spannung beim Betrachter zu erzeugen, die eine Neuschöpfung niemals erreicht.
Kurzum, so ähnlich die Antigonen, Elektren und Orests einander auch sind, die französischen oder amerikanischen Nachfahrn griechischer Sagenfiguren (in Neuengland heißen sie, von O'Neill in seiner Tetralogie *Trauer muß Elektra tragen* zitiert, Christine und Lavinia, Ezra, Adam und Orin) – sie bleiben, trotz aller Gemeinsamkeiten, am Ende sie selbst, sterben ihren eigenen Tod, werden betrauert nach eigenem Maß – und diese höchst artifizielle Technik der Detailabweichung mit dem Ziel,

Aufmerksamkeit zu erregen, ist Erbe der dramatischen Kunst im fünften vorchristlichen Jahrhundert: Da trat Sophokles gegen Aischylos, Euripides gegen Sophokles an – dreimal *Elektra*, dreimal der gleiche Stoff (den jeder Zuschauer sehr genau kannte: Die Frage »Kriegen sie sich, oder kriegen sie sich nicht?« war vor dem ersten Prologsatz entschieden). Das *Wie*, nicht das *Was*; die Struktur des Stückes, nicht der Plot; die Psychologie, nicht die Fabel hat das Publikum seit eh und je fasziniert und die Imagination der Stückeschreiber zu immer kühneren (auch grelleren, ja gelegentlich absurden) Psychogrammen gereizt: Elektra, die Schmerzensfrau vorm Hoftor, in schmutzigem Kleid, zerfetzten Lumpen, eine Bettlerin im Dreck: welche Chancen – von Aischylos bis Hofmannsthal –, ständig verwegenere Akzente zu setzen und die Magd in ein abgerichtetes Tier zu verwandeln, das nichts als winseln kann, wenn es mit ansehen muß, wie der Mann, der den Vater umgebracht hat, in den Kleidern seines Opfers: geschmückt mit Agamemnons Szepter und Krone, Galadiners zelebriert.
Aigisth, der Schlächter – gerettet von Giraudoux und verstanden von O'Neill, der seinen Orin-Orest nach dem Mord ausrufen läßt: »Ich an seiner Stelle hätte das gleiche getan! Ich hätte Mutter geliebt, wie er sie geliebt hat, und Vater getötet – um ihretwillen!«
Nicht zufällig werden, zumal im Zeichen der Psychoanalyse seit Richard Strauss und Hofmannsthal, immer neue Konfigurationen entdeckt, und die mythischen Archetypen, Elektra voran, lassen Züge erkennen, die man Jahrhunderte lang übersah, wiewohl sie schon bei Euripides angelegt waren: Inzestträume, Sexualängste, Perversionen aller Art, vom Liebesspiel der Mörderin mit ihrem Opfer bis hin zum tête à tête der Tochter mit ihrem Vater, einem Spiel an der Grenze von Gehorsam und geheimer

Aufsässigkeit, von Treue und der eben dieser Treue zu verdankenden Krankheit, von Liebe und Ekel, von klarer Erkenntnis und halluzinatorischem Ausbruch. Fast hat es den Anschein, als hätten erst die Zentralwerke der Seelenanalyse, von Freud und Breuers *Hysterie-Studien* über die *Traumdeutung* bis hin zu der – von Freud allzu rasch abgetanen – Jungschen Benennung des »Elektra-Komplexes«, den Schriftstellern Wege gezeigt, die zu einer weit differenzierteren Behandlung der Seelenlage aller Beteiligten führten als vor 1900. »Wo bist du, Vater? Hast du nicht die Kraft, dein Angesicht herauf zu mir zu schleppen? Es ist die Stunde, unsre Stunde ist's!«: hätte Hofmannsthals Elektra diese Sätze formulieren können ohne den Fingerzeig der Analytiker im *Fall Anna O.?*
Und dann das Seelenspiel der Verwandten, Mutter und Tochter, Bruder und Schwester: der Haß des Sohns auf den Vater, das Angekettetsein der Tochter ans übermächtige Gestern; die Provokation des Heimkehrers von seiten der Frau, die ihn tötet, indem sie ihm die Wahrheit ins Gesicht schreit – kein Beil ist vonnöten, Worte genügen – und schließlich: der Höhepunkt in den Elektra-Variationen unseres Jahrhunderts – die Gespräche zwischen Mutter und Tochter, Klytaimestra und Elektra, die, bei Giraudoux so gut wie bei O'Neill, in der These gipfeln: *Ich habe deinen Vater niemals geliebt. Er war mir widerlich!*
Wie sagt Christine Mannon bei O'Neill, in der Todesnacht, zu ihrem Mann? »Du willst die Wahrheit? Du hast sie erraten! Du hast mich gebraucht, du hast mir Kinder geschenkt, aber ich habe dir kein einziges Mal angehört! Ich konnte nicht! ... Du hast es mir unmöglich gemacht. Du hast mich mit Abscheu erfüllt.« Das ist ein Text, der sich, wie im Fall des Vierergesprächs zwischen Aigisth, Kreon, Antigone und Elektra, bequem (und elegant da-

zu!) in der Giraudouxschen *Elektra* fortsetzen läßt: »Seit dem Tage, an dem er gekommen ist, mit gelocktem Bart, mit der Hand, von der er immer den kleinen Finger abspreizte, habe ich ihn gehaßt! Er spreizte ihn ab beim Trinken, er spreizte ihn ab ... wenn er das Szepter ergriff, und selbst wenn er mich umarmte, spürte ich auf meinem Rücken nur den Druck von vier Fingern: das hat mich rasend gemacht. Der König der Könige, welch ein Hohn! Er war aufgedonnert, unentschlossen, beschränkt! Der König der Könige ist nie etwas anderes gewesen als ein abgespreizter Finger und ein gelockter Bart, der sich nicht glätten ließ.«

Mit einem Satz: Je mehr die Variationen sich häufen, befördert durch neue Erkenntnisse auf dem Gebiet der Psychiatrie (zumal in sexualibus), desto grotesker werden die Details, desto verwegener die Konstellationen (jeder schläft mit jedem – oder könnte es mindestens tun – Geschlecht und Verwandtschaftsbezug werden belanglos): wobei nicht vergessen sein will, daß auch die Inzestproblematik in gleicher Weise wie die Vertauschung der Charaktereigenschaften gängiger Art (Männer werden Schwächlinge, Mädchen Heroinen) bereits in der Antike präfiguriert war: Das Urbild bedarf also nur kräftigerer Konturierung, nicht der Übermalung.

Und nun, stelle ich mir vor, wir versammelten sie alle in einem einzigen Raum, die Mörderinnen und ihre Opfer, die Fundamentalistinnen und die Inzestuösen, die Kompromißler und die Terroristinnen, die Null-ouvert-Spieler und die Max-Weber-Leser, die Antifaschistin A. und K., den Mann des großen Gelds: Wer wird bleiben, in saecula saeculorum, unter allen, aus dem Kreis der Antigonen und Elektren?

Die *erste* gewiß: Antigone, die Einzige; Sophokles' Antigone, die den Männern beweist: Ihr seid nicht allein auf

der Welt. Und später? Da stockte ich, bis mir ein Schriftsteller zu Hilfe kam, der immer dann, wenn es um Wiederbelebungen, Neuentdeckungen, Umfigurationen von Figuren der Poesie geht (einerlei, ob sie nun Hamlet heißen, Faust, Don Juan oder Antigone), der verläßlichste ist – und der genialste dazu.
Hören wir, am Ende unseres zweiten Diskurses, Søren Kierkegaards Rede im Totenreich der Literatur, die Ansprache vor den Mitgestorbenen, den Symparanekromenoi, aufgezeichnet im ersten Band von *Entweder – Oder:* »So tretet denn näher zu mir, liebe Paranekromenoi, schließt euch enger um mich, indem ich meine tragische Heldin hinaussende in die Welt, indem ich des Schmerzes Mitgift [...] gebe der Tochter der Trauer. Sie ist mein Werk, gleichwohl ist ihr Umriß so unbestimmt, ihre Gestalt so nebelhaft, daß ein jeder von euch in sie sich verlieben kann und sie lieben können wird auf seine eigene Art. Sie ist mein Geschöpf, ihre Gedanken sind meine Gedanken ... Antigone heißt sie.«
Antigone, gesalbt mit dänischer Courteoisie und hegelianischer Nomenklatur, erscheint als ein Mädchen, das, dank der Kunst eines überaus interessierten Vivisekteurs, ihr Leid im Schmerz, dem reflektierten Leid jenes Subjekts zergehen läßt, das – hier kommt Hegel ins Spiel – sich aus allen substantiellen Bindungen gelöst hat, also ein überaus modernes Geschöpf ist, keine gewöhnliche Antigone, sondern ein Mädchen, das ein Geheimnis bewahrt – ihr Wissen um Ödipus' Doppelverbrechen, den Mord am Vater und die Heirat der Mutter. Antigone ist stolz auf ihr Geheimnis und die Auserwähltheit, die auf ihrer Verpflichtung zu schweigen beruht ... eine Verpflichtung, die sie selbst dem Vater gegenüber einhält, weil sie nicht weiß, ob Ödipus weiß, daß sie weiß ... Doch immerhin ist da, solange der Vater noch lebt, ein

Mensch an Antigones Seite, der es verstünde, wenn … zu spät! Ödipus stirbt, und Antigone bleibt allein mit ihrem Geheimnis, das sie niemandem verraten kann, nicht einmal ihrem Geliebten – und eben darin liegt, für Kierkegaard, ihre Tragik: Vertraute sie sich dem Geliebten an, dann verriete sie mit dem Verrat am Vater sich selbst, behielte sie jedoch, trotz des Drängens ihres Geliebten, der Antigone zu durchschauen beginnt, das Geheimnis für sich, dann verriete sie ihre Liebe und damit gleichfalls sich selbst: Sich zu offenbaren hieße: Tod; sich nicht zu offenbaren hieße ebenfalls: Tod. Also bleibt, da ein Dahinleben unmöglich ist, nur das Sterben als letzter, einziger Ausweg.

»Allein im Augenblick ihres Todes«, schließt Kierkegaard seine Rede an die Mitgestorbenen, »kann [Antigone] die Innigkeit ihrer Liebe gestehen, erst in dem Augenblick, da sie [dem Geliebten] nicht mehr gehört, kann sie gestehen, daß sie ihm gehört. Als Epaminondas in der Schlacht bei Mantinea verwundet worden war, ließ er den Pfeil in der Wunde stecken, bis er gehört hatte, die Schlacht sei gewonnen; denn er wußte, es sei sein Tod, wenn der Pfeil herausgezogen würde. Ebenso trägt unsere Antigone ihr Geheimnis im Herzen gleich einem Pfeil, den das Leben immer nur noch tiefer und tiefer eingebohrt hat, ohne ihr das Leben zu nehmen, denn solange er ihr im Herzen steckt, vermag sie zu leben, in dem Augenblick aber, da er herausgezogen wird, muß sie sterben.«

Ich denke, *wenn* einer die Figur Antigones mit dem Mittel der Reflexion – einen Tat- in einen Denkvorgang verwandelnd – bis zur letzten Konsequenz: dem in der Antike vorgegebenen Liebestod durchdacht hat, dann ist es Kierkegaard gewesen – ein Schriftsteller, dessen Ehrgeiz es war: ein lessingscher Ehrgeiz, literarische Vorwürfe *so* weit zu intellektualisieren, daß sie, doppelt interessant, sowohl der Phantasie wie dem Verstand, der Spurensuche mit Hilfe der Imagination wie dem Zugriff von den Feldern der Begrifflichkeit aus, Genüge leisteten. Literatur mit dem Mittel scharfsinnigen Verbesserns auf die Ebene des Gedankens zu heben und Theoreme zu verbildlichen: dies, so macht die kühnste aller Antigone-Variationen deutlich, ist allein einem Mann gelungen, der Hegel, mit Sophokles' Unterstützung, vom Kopf auf die Füße zu stellen verstand, um ihn hernach, mit einem kühnen Salto, wieder mit dem Kopf spazieren zu lassen, und so fort und so fort – allen Variatoren, Umschreibern, Neuentdeckern und Mitgiftgebern von Antigone und Elektra zum Nutzen ... Hofmannsthal zum Beispiel, der, über Elektras Ende nach vollbrachter Tat meditierend, Kierkegaards Bilderdenken, ohne es zu wissen, weiterspann: »daß sie nicht mehr weiterleben kann, wenn der Streich gefallen ist, ihr Leben und ihr Eingeweide ihr einstürzen muß, wie der Drohne, wenn sie die Königin befruchtet hat, mit dem befruchteten Stachel zugleich Eingeweide und Leben einstürzen«.

Antigone und Elektra, vereint einmal im Aufstand gegen das »verteufelt Humane«, und hernach verabschiedet in Kopenhagen und Wien durch die gleiche Metapher: Poesie geht bisweilen seltsame Wege und kommt zu überraschender Homo-Logie, wenn sie, in Spuren vorwärtsschreitend, ihre Mitgift, das immer neu zu adaptierende und zu verwandelnde mythische Figurenerbe, bedenkt; doch eben das läßt sie so reizvoll, so spannend oder, genauer: im Kierkegaardschen Sinn, so *interessant* sein – der Wirklichkeit, schauen wir noch einmal auf Antigone und Perikles zurück, weit, weit voraus – voraus in ihrer beredten Courage, ihrer zeichensetzenden Verzweiflung und ihrer Rebellion gegen die Brutalität einer Gesell-

schaft, die von Mördern und, siehe Klytaimestra, deren Komplizinnen beherrscht wird.
Intelligent sind sie, die beiden, aufsässig und – was Elektra betrifft, nicht Antigone, die im Augenblick des Todes die Trennung der Geschlechter exemplarisch überwindet – dank ihrer umfassenden Humanität: gewalttätig.
Nicht zufällig sind die letzten Sätze der in Elektra zurückverwandelten Ophelia in Heiner Müllers *Hamletmaschine,* die Dialektik von Vernichtung und Empörung bezeichnend, eine Kampfansage aus der Tiefsee (»Fische Trümmer Leichen und Leichenteile treiben vorbei«), ein Schrei im Stil der Revolution in den sechziger Jahren, ein Haßausbruch vor dem Ersticken (während zwei Männer in Arztkitteln die an einen Rollstuhl Gefesselte von Kopf bis Fuß in Müllbinden schnüren): »Hier spricht Elektra. Im Herzen der Finsternis. Unter der Sonne der Folter. An die Metropolen der Welt ... Ich nehme die Welt zurück, die ich geboren habe ... Ich begrabe sie in meiner Scham. Nieder mit dem Glück der Unterwerfung. Es lebe der Haß, die Verachtung, der Aufstand, der Tod. Wenn sie mit Fleischmessern durch eure Schlafzimmer geht, werdet ihr die Wahrheit wissen.«
So spricht die moderne Elektra auf die letzten Worte ihrer sophokleischen Schwester und verweist dabei, vor der Ermordung Aigisths: »Dulde nicht: beim Himmel, Bruder, daß er weiterspricht und viele Worte spricht.«
Haß im Bund mit Verzweiflung. Sie sind einsam gestorben, die beiden Frauen. Antigone: lebendig begraben, in einer schauerlichen Exekution, allein, mit dem Pfeil im Herzen und der Liebe, die sie nicht verwirklichen durfte, in Kierkegaards Version so wenig wie im Drama Anouilhs – wie der Abschiedsbrief an Haimon beweist. Zweifel und Zurücknahme in der Minute vor der Hinrichtung:

»Ich weiß nicht, warum ich sterbe, ich habe Angst – verzeih, Geliebter.«

Und Elektra? Erstarrt und verstummt, zur Maske geworden, vergessen, verzweifelt in der Isolation eines Beinah-Inzests (mit Orest, der Hamlet heißen könnte, wäre er melancholischer – und skrupulös): »Leg deine Brust an meine«, heißt es schon bei Euripides, »Bruder, Geliebter!«

Zwei Opfer, zwei Frauen, deren die Schriftsteller gedenken – ihrer, aber mit ihnen auch jener großen Gegenfigur, der aristophanischen Lysistrate, die, über den Wolfskrieg der Rassen, Völker, Klassen und Geschlechter hinaus, auf Versöhnung verweist:

»Du, Überzeugungskunst,
du, Göttin Beredsamkeit,
nehmt unser Opfer an
und seid den Frauen gut.
Laßt unser Werk gedeihen
und laßt Frieden sein.«

Antigone, Elektra, Lysistrate: feministische Emphase in dreifacher Form? Ich denke, es hieße präziser: Einklagen, in der Vielfalt des Redens, von verweigerter Mitmenschlichkeit.

Don Juan:
Dämon und Schwerenöter

Dritter Diskurs

Und nun, in einem dritten Diskurs, nach der Verabschiedung Antigones und Elektras (sie werden uns wiederbegegnen): das Rendezvous mit Don Giovanni (alias Don Juan) – und ein entschiedener Schritt, zu Beginn, in die Neuzeit.
September 1812, Napoleon ist auf dem Gipfel der Macht, die Große Armee marschiert nach Rußland, Wilna und Smolensk werden im Handstreich genommen, die Schlacht bei Borodino bringt eine erste Entscheidung, nur ein paar Tage noch, dann wird der Kaiser im Kreml einziehen, noch ein paar Wochen, dann beginnt der Rückzug aus Rußland.
In fernen Deutschland freilich, genauer: in Bamberg, das vom Krieg verschont geblieben ist, denkt man an andere Dinge: an Begegnungen unter dem Himmel, an Traumszenerien, an Musik und Theater, an einen verführerischen Mann (der nicht Napoleon heißt) und an eine Frau, die ihn retten möchte, aber seinem Zauber erliegt.
Die Rede ist von Mozart, Don Giovanni und Donna Anna – und von einem Kapellmeister, Theaterarchitekten und Bühnenbildner, E. T. A. Hoffmann, der, unter kläglichen Konditionen, am Schauspiel zu Bamberg ein Engagement hat und nebenher, in diesem September des Jahres 1812 – Chiffre »reisender Enthusiast« –, an einen Vertrauten schreibt, der, wie könnte es anders sein, Theodor heißt: Fabelhaftes, läßt Hoffmann seinen Freund wissen, habe sich in Bamberg ereignet. Mozarts *Don Giovanni* sei aufgeführt worden und er, der Enthusiast, habe, mit Hilfe eines betriebsamen Kellners, der ihn mit »Ew. Excellenz« anredete (»ich hatte mittags an der Wirtshaustafel

Champagner getrunken«), nach Passieren einer Tapetentür und eines kleinen Korridors in der Fremdenloge Nr. 23 die Oper gehört: eben noch im Bett, und schon im Theater!

Der reisende Enthusiast, Schriftsteller Hoffmann, verfällt unverzüglich der Schwärmerei: welche Musik! »Durch den Sturm der Instrumente leuchten, wie glühende Blitze, die aus aetherischem Metall gegossenen Töne.« Zwölf Seiten, mehr nicht – und, ich scheue den Superlativ nicht, die genialste Musik-Beschreibung der deutschen Literatur – die genialste, ungeachtet der *Faustus*-Interpretationen Thomas Manns (Beethovens opus 111 im Zentrum: unter Hilfeleistung Adornos) – die genialste, kenntnisreichste und verwegenste: Realität und Traumwelt, Opernseligkeit und Spießerbigotterie, dämonische Musik und nüchterne Prosa vereinigen sich; Donna Anna, die – sehr folgenreich für Literatur und Aufführungspraxis – ihrem nächtlichen Besucher erliegt, ist zugleich auf der Bühne und in der Loge, liebt Don Giovanni und ist Hoffmann zugetan, singt und parliert: beides auf italienisch, läßt Bühnenhandlung und Logengeplauder auf einer und der gleichen Szene geschehen.

Der Enthusiast, von Sinneseindrücken aller Art, musikalischen, atmosphärischen, sinnlichen und spirituellen berauscht, steigert sich in einen wahren Taumel hinein und bleibt zu gleicher Zeit doch kontrolliert, wachsam und fähig, mitten im Geschehen die auftretenden Personen mit raschem Strich zu charakterisieren: Don Ottavio (»als Annas Bräutigam wohnte er, da man ihn so schnell herberufen konnte, wahrscheinlich im Hause«), »ein zierliches, geputztes, gelecktes Männlein, von einundzwanzig Jahren höchstens«. Donna Elvira, lang und hager, »mit sichtlichen Spuren großer, aber verblühter Schönheit«. Leporello: ein alter Bursche, dessen Mimik zugleich auf

»Gutherzigkeit, Schelmerei, Lüsternheit und fronisierende Frechheit« verweist. Statistenphysiognomie um den Herrn und Meister und seine Geliebte, das hohe Paar in der Nacht.
Sie: von einem Augenblick zum anderen im Bannkreis einer Sinnlichkeit, die der Enthusiast nicht nur als heilige Begeisterung, sondern auch als »wollüstigen Wahnsinn« und »Glut aus der Hölle« beschreibt – ein alles vernichtendes Feuer, das, was in seine Nähe kommt, unverzüglich versengt. (Donna Anna, die Person und Rolle in eins ist, Schauspielerin und Dame der Loge, Geliebte in der Fast-Scheinwelt und der Beinah-Realität, wird in dieser Nacht sterben: um zwei Uhr früh, erschöpft von ihrem Doppelspiel in zweierlei Reichen.)
Und dann der Held: Don Giovanni, eine Kreatur, die Engel und Teufel zugleich ist: »Es ist, als könne er die magische Kunst der Klapperschlange üben; es ist, als könnten die Weiber, von ihm gepackt, selbst ihr Verderben vollenden.«
Wird da, bei Mozartscher Musik, Goethes *Faust* inszeniert: ein Höllenspektakel mit himmlischer Aussicht? »Weiche Lippen, eine erhabene Nase, durchbohrende Augen«: entwirft ein Komponist und Poet, Bühnenbildner und Rezensent das Porträt Gustaf Gründgens'? Es könnte so sein – wäre da nicht, weit über alle Realität hinausführend, die Beschreibung von Orchestermusik und Gesang, die Evokation der »jubelnden Fanfare im siebten Takte des Allegro«, das »Finale in frevelnder Lustigkeit« und der »fugierte Chor im Finale«, dessen Schlußakkord unseren Enthusiasten zur Wirtstafel mit der Spießerrunde von Provinz-Connaisseurs aufbrechen läßt (»Don Ottavio hatte einem sehr gefallen, Donna Anna war einem zu leidenschaftlich gewesen«), ehe er, der Beckmesserei dilettierender Rezensenten leid, in sein

Zimmer zurückkehrt, ein bescheidenes Kabinett in der Bamberger »Rose«, und dann, um Mitternacht, abermals in die Loge, vom Kellner, einer Art von fränkischem Felix Krull (»Sie sollen bedient sein, mein Herr«) mit einem Tischchen, zwei Lichtern und, natürlich, viel Punsch, aufs vortrefflichste equipiert, um derart, im leeren Theater, umschwebt von Donna Annas Parfüm, seine *Don Giovanni*-Deutung zu formulieren: nicht die Rezension (die mochten die Schwadroneure an der Wirtstafel schreiben), sondern die Huldigung eines Kollegen: »Nur der Dichter«, so Poet und Komponist E. T. A. Hoffmann, »versteht den Dichter, nur ein romantisches Gemüt kann eingehen in das Romantische; nur der poetisch exaltierte Geist, der mitten im Tempel die Weihe empfing, das verstehen, was der Geweihte in der Begeisterung ausspricht.«

»Favete linguis« heißt die Devise, vergeßt Alltagsgeschäft und Profanität: Hier ist heiliger Boden. Trotzdem: keine vage Schwärmerei, bitte sehr, kein Vergessen des Daponte-Texts – Don Juan, ein Bonvivant, der's mit dem Wein, dem Weib und dem Gesang hat – kein Vertuschen der Befremdlichkeit, daß ausgerechnet ein ebenso mittelmäßiger wie laszSiver Geselle von der Unterwelt ausgesucht worden sei, sich als »Kabinettstück der Hölle« zu präsentieren, und kein Überspielen der Befremdlichkeit des Librettofinales, mit dem Mummenschanz des steinernen Gastes und dem »Transport« des Sünders von oben nach unten.

Ohne die Musik, so die Quintessenz Hoffmanns in seiner Loge, sei das Spiel vom bestraften Wüterich kaum mehr als ein Schwank mit viel Liebe und ein wenig Metaphysik. Dämonie, Ekstase, Dialektik von Himmel und Hölle, Seligkeit und Verdammnis habe dem Treiben des Don Juan, wie ihn die Geschichte überliefere, erst Mozart gegeben: Ihm allein sei's zu verdanken, daß der Held nicht nur Verführer, sondern – jetzt: die entscheidende Volte! – ein romantischer Künstler par excellence geworden sei – ein seliges, aber auch zerrissenes Genie, hoch »über dem gemeinen Troß, über die Fabrikarbeiter, die als Nullen, vor die, wenn sie gelten sollen, sich erst ein Zähler stellen muß«.

Mozarts Don Giovanni, in enthusiastischer Rede beschrieben während einer Post-Soiree, nachts zwischen zwölf und zwei, der Geisterstunde und dem Tod Donna Annas: das ist eine Figur, die mit ihrer Tradition gebrochen hat, weil sie Augenblicks-Liebe, Faszination durch rasche Glücke der Sekunde – geliebt, gesiegt und schon wieder weiter – als einen Erlösungsakt interpretiert, ein Stück Physik, mit einem kleinen, aber unübersehbaren *Meta* davor, eine Teufels-Etüde also, die den Himmel gleichwohl mit einschließt – freilich nur metaphorisch: »In Don Juans Gemüt«, so Hoffmann auf dem Höhepunkt seiner Nachbetrachtung, »kam durch des Erbfeinds List der Gedanke, daß durch die Liebe, durch den Genuß des Weibes, schon auf Erden das erfüllt werden könne, was bloß als himmlische Verheißung in unserer Brust wohnt, und eben jene unendliche Sehnsucht ist [es], die uns mit dem Überirdischen in unmittelbaren Rapport setzt.«

Hoffmann-Mozarts Don Giovanni, halb in Prag, halb in Bamberg zu Hause: das ist ein musikalischer Mephisto, der, bei seiner Fahrt hinaus aus der Enge des Lebens, hoch unter dem Himmel, und eben dadurch von einem Absturz bedroht, der wahrhaft *Sturz* und nicht Unter-*Gang* ist, nur eine einzige Chance hat: die Erlösung durch die Liebe einer Frau … doch eben die wird, von Donna Anna so gut wie von Don Giovanni, verspielt. Beide sind schuldig, weil sie die Verpflichtung nicht erkennen, die ihnen der Himmel in einem Gnadenakt der letzten Sekunde gesetzt hat: *Don Giovanni,* weil er nicht bemerkt, daß Anna vom Himmel dazu bestimmt ist, ihn in der Liebe »die ihm innewohnende göttliche Natur erkennen zu lassen, und ihn der Verzweiflung seines nichtigen Strebens zu entreißen«; *Donna Anna,* weil sie, zerstört von der »Wut höllischer Geister im Inneren«, gezwungen wird, den Tod des Verführers herbeizusehnen, damit aber auch ihren eigenen.

Nein, so der Enthusiast, Donna Anna wird nicht wiederkehren: nicht in Mozarts Dämonen-Spektakel – und auch in der Bamberger Wirklichkeit nicht: »Um Himmels willen. Wir hören Signora doch bald wieder?« – »Schwerlich, denn Signora ist heute morgen Punkt zwei gestorben.«

E. T. A. Hoffmanns Don Giovanni: das ist eine Kunstfigur in schaler Bürgerwelt, verführerisch und romantisch, im Bund mit Himmel und Hölle, emporgehoben und gezeichnet – ein Genie der Sinnlichkeit, wie Kierkegaard Mozarts Don Juan genannt hat – unabhängig von Hoffmann, aber in dessen Weise, freilich mit anderem Duktus in der Beweisführung, philosophisch und nicht schwärmerisch ... jedenfalls in den Hauptpassagen seiner Exegesen der »unmittelbaren erotischen Stadien oder des Musikalisch-Erotischen« (*Entweder– Oder,* erster Teil), in denen er den sinnlichen und den geistigen Verführer, Don Juan und Faust, miteinander konfrontiert – den Gedankenkünstler und den Genius der Musik, den Vertreter libidinöser Dämonie und den Exponenten jener Zaubermacht, die sich als Geistiges bestimmen läßt.

Und wieder, wie bei Hoffmann, auch bei Kierkegaard die Verachtung des historischen Don Juan, mit seinen raschen Augenblickstriumphen (»die Frauen sehen und sie lieben ist eins«) und seiner buchhalterischen Aufschneiderei: »Denkt man in Don Juan das Seelische hinein, so wird es eine Lächerlichkeit, ein Selbstwiderspruch, wie sie noch nicht einmal in der Idee liegen, 1003 in Spanien anzusetzen. Es wird eine Übertreibung, die störend wirkt – hat man kein anderes Medium als die Sprache, so ist man (wahrlich) in Verlegenheit.«

Gleichwohl, so ridikül der *historische* Don Juan sich auch ausnehmen mag – ein schneller, aber dümmlicher Sieger, so dämonisch nimmt sich für Kierkegaard – und, wir sahen es, für E. T. A. Hoffmann – der Mozartsche Genius aus – ein Gott der Musik und Dämon der Kunst, der dafür verantwortlich ist, daß sich der Spurengänger von Kopenhagen *einmal,* in einem hymnischen Ausbruch, noch abenteuerlicher gehenläßt als sein Partner in Bamberg: dort, wo hinter Don Giovanni Mozart selbst, in persona, ins Spiel kommt: »Ich bin jungmädchenhaft in [ihn] verliebt«, ruft Kierkegaard aus, »und ich muß es haben, daß er obenansteht, koste es, was es wolle. Und ich will zum Küster gehen und zum Pfarrer und zum Probst und zum ... ganzen Konsistorium und ich will sie bitten und beschwören, sie möchten mir meinen Wunsch erfüllen.« Wenn aber nicht, »so trete ich aus der Gemeinde aus ... und bilde eine Sekte, welche nicht allein Mozart an die oberste Stelle setzt, sondern nichts anderes als Mozart hat. Unsterblicher Mozart! Du bist es, dem ich alles verdanke, daß ich meinen Verstand verloren, daß meine Seele sich erstaunt ... Du bist es, dem ich es danke, daß ich nicht durch's Leben gegangen, ohne daß etwas imstande gewesen wäre, mich zu erschüttern. Du bist es, dem ich dafür Dank sagen muß, daß ich nicht gestorben bin, ohne geliebt zu haben.«

Hört man einen Hymnus vom Rang der Apotheose aus der Feder des philosophierenden Sektengründers Søren Kierkegaard, dann wird verständlich, daß der *historische* Don Juan, ohne seine Inkorporation ins Zauberreich der Musik, mit großer Wahrscheinlichkeit tatsächlich eine ephemere Figur geblieben wäre – eine Figur, deren letztes Stündlein spätestens in jenem Augenblick geschlagen hätte, da, mit beginnender Säkularisierung, der steinerne Gast – sprich: der Teufel im Kontext christlicher Theologie – endgültig den Habit eines Theater-Beelzebubs angelegt hätte ... eines Luzifers im Diminutiv, mit seiner kuriosen Feuerhand, die einen Menschen zerstört, der, um als Dämon erscheinen zu können, nicht anders als sein alter ego Faust, einer festen Weltordnung, eines unbezweifelbaren Wertesystems und einer verbindlichen Rangordnung bedarf.

Fällt all das fort, dann wird aus Don Giovanni, dem Rebellen aus Sevilla, der ganze Familien in den Untergang treibt ... dann wird aus dem großen Provokateur entweder ein posierender Schürzenjäger oder aber – in konsequenter Kierkegaard-Nachfolge – ein Reflekteur und Wortkünstler: kein musikalischer Augenblicksmensch, kein *Genie der Sinnlichkeit:* wie's Mozart in die Unendlichkeit hob, sondern ein *Genie der Verführung,* das sich auf sorgfältig auskalkulierte Liebesstrategien versteht, ein Intellektueller, der erotische Gespräche für höher achtet als den rasch vollzogenen animalischen Akt.

Der post-mozartsche, post-hoffmannsche, post-kierkegaardsche Don Juan ist ein Zyniker, Dandy und amouröser Stratege: Nachfolger jener ebenso geistvollen wie niederträchtigen Verführer, die sich, bei Richardson oder de Laclos, in den Romanen des achtzehnten Jahrhunderts vorstellen – Meister der endlosen Spiele und Verächter des Blitzüberfalls: »Wie groß ist die Macht der Umstände«, läßt der luziferische Vicomte de Valmont seine – ihm im Entwurf erotischer Raffinessen noch weit überlegene – Marquise de Merteuil, in Choderlos de Laclos' *Liaisons dangereuses,* wissen, »wenn sogar ich meine Pläne ver-

gessen und Gefahr laufen konnte, durch einen vorzeitigen Triumph des Zaubers der langen Kämpfe und der Einzelheiten einer mühsamen Besiegung verlustig zu gehen. Wenn ich, verführt durch eine Jünglingsbegierde, den Besieger der Frau von Tourvel fast der Gefahr ausgesetzt hätte, als Frucht seiner Mühen nur den albernen Gewinn zu ernten, daß er eine Frau mehr gehabt hätte! Ach, sie soll sich ergeben, aber sie soll erst kämpfen. Die Kraft zu siegen soll sie zwar nicht haben, aber doch die, zu widerstehen. Sie soll mit Muße das Gefühl ihrer Schwäche auskosten und zum Eingeständnis ihrer Niederlage gezwungen sein. Lassen wir den obskuren Wilderer auf dem Anstand den Hirsch, den er überrascht hat, erlegen; der richtige Jäger muß ihn zu Tode hetzen.«
Choderlos de Laclos' »Schlimme Liebschaften«: eine ideale Lektüre für den reflektierenden Don Juan des neunzehnten Jahrhunderts – jenen Professionellen, der, sofern er sich nicht in puschkinscher Schwärmerei, lenauschem Weltüberdruß oder gar zorrillascher Bekehrungswut ergeht (alle drei: Verfasser von dramatischen Don-Juan-Traktaten: alle drei auf Rettung – Zorrilla sogar auf Konversion – des Sünders bedacht) … jenen Professionellen, der seiner Angebeteten wahrscheinlich lieber einen Abschnitt aus Boccaccios *Decamerone* vorliest, als rasch zur Handlung zu schreiten, und der, es sei wiederholt, in der Reflexion über Amouren von sinnlich-geistlichem Reiz höhere Genüsse verspürt als in behender Vergnügung. Kierkegaard wußte sehr wohl, was er tat, als er seinem Genie der Sinnlichkeit den Mozartschen Dämon und musikalischen Sekundenspieler, den Autor des *Tagebuchs eines Verführers* nachfolgen ließ – einen *gourmet* und keinen raschen Aufknüpfer von Mieder und Leibchen: einen *Künstler* also, der die Vorbereitung einer Verlobung mit der gleichen Raffinesse, dem gleichen

wohlberechneten Stellungsspiel und dem gleichen Aufwand an erotischem Scharfsinn verfolgt wie die Auflösung eben dieser Verlobung: »Allmählich beginne ich, zu mehr direkten Angriffen überzugehen. Soll ich diese Veränderung auf meiner militärischen Landkarte von der Familie einzeichnen, so möchte ich sagen: Ich habe meinen Stuhl so gedreht, daß ich ihr jetzt die Seite zukehre. Ich lasse mich mehr mit ihr ein, rede sie an, entlocke ihr Antworten. Ihre Seele besitzt Leidenschaft, Ungestüm und hat, ohne durch närrische und eitle Reflexionen überspitzt zu sein, den Trieb zum Ungewöhnlichen« ... »Aber obgleich ich es darauf anlege, daß sie mir gleichsam mit Naturnotwendigkeit in die Arme sinkt, kommt es mir doch darauf an, daß sie nicht wie ein schwerer Körper (auf mich) fällt. Sie darf mir weder in physischer Hinsicht ein Anhängsel sein, noch in moralischer Hinsicht eine Verpflichtung. Zwischen uns beiden soll nichts herrschen als das Spiel der Freiheit, und darum soll sie so leicht für mich sein, daß ich sie auf den Arm nehmen kann.«

Wer möchte, Kierkegaard oder Baudelaire, de Musset oder – »Mensch und Übermensch«: Don Juan fühlt sich in der Hölle weit mehr zu Haus als im Himmel – Bernard Shaw lesend, noch daran zweifeln, daß, trotz einiger versprengter Himmelssucher am Rande der Peripherie, Don Juan im neunzehnten Jahrhundert ein ebenso interessanter wie unangenehmer Gesell ist: ein Macho, der zu denken versteht, und ein Verführer, der zuerst durch Intelligenz besticht und erst in zweiter Linie durch die Naturkraft seiner Potenz.

Vertreter des *Don Juanismo,* keine Don Juans, sind es, die seit Hoffmanns Bamberger Zauberträumen die literarische Bühne bevölkern: Man kann genau verfolgen, wie es die Schriftsteller gereizt hat – Thema unserer Diskurse! –, immer neue spirituelle Raffinessen zu erfinden, um in einem nimmermüden Variations- und Übersteigerungsspiel den konkurrierenden Artisten zu zeigen: »Mein Don Juan ist intelligenter als deiner: also erfolgreicher bei Damen, die Kraft nur zu schätzen wissen, wenn sie sich mit Klugheit vereint, und Potenz allein dann als beseligend erfahren, wenn sich ihr Besitzer beim Dejeuner hernach auch zu unterhalten versteht.«

Kurzum, man kann es (Hans Mayers hinreißendem Essay *Don Juans Höllenfahrt* folgend) nicht oft genug sagen: Der raffinierte Lebens- und Liebeskünstler des »Don Juanismo« hat mit dem zur Hölle fahrenden Dämon katholischer Zeitläufte wenig zu tun. Der traditionelle Don Juan, so wie er sich zum ersten Mal um das Jahr 1630 im dreiaktigen Schauspiel eines Mönchs präsentierte, dem »Verführer von Sevilla«, geschrieben (mit hoher Wahrscheinlichkeit jedenfalls) von Tirso de Molina: dieser Don Juan ist, gelinde gesagt, töricht ... karg in der Wortwahl und fahrlässig im Nichtbeachten von Warnungszeichen himmlischer Provenienz. (Deshalb seine stereotype Antwort vor jeder Schandtat: »Das hat noch Zeit« – will heißen: Bereuen kann ich auch als alter Knabe noch.)

Ein tapferer Mann, ohne Zweifel, der erste, der spanische Don Juan, couragiert in Stunden der Gefahr, aber unreif und ohne Möglichkeit der Entwicklung vom juvenilen Draufgänger zum besonnenen Mann. Vom Anfang bis zum Finale bleibt dieser Draufgänger immer der gleiche: ein Typ (man könnte auch sagen: ein erotisches Urprinzip), der *ist* und nicht *wird,* ein Sein hat, aber unfähig ist, dieses Sein zu entfalten: kurzum, ein Mensch, der als Namenloser nächtens erscheint (*hombre sin nombre,* sagt er von sich, als Donna ihn ertappt) und, unverwandelt, in die Nacht der Hölle fährt.

Seine Verhaltensweise ist stereotyp: Damen der Gesellschaft kommt er in der Maske ihres Verlobten, Mädchen aus den unteren Schichten hingegen präsentiert er sich in der Pose des Caballero: *Schlaf mit mir und ich heirate dich*.
Ein Heiratsschwindler also, der sich's wohl sein lassen kann, da er über mächtige Konnexionen verfügt: Das Vertrauen auf Beziehungen, ein nimmermüdes »Der Papa wird's schon richten« hat leitmotivischen Charakter in einem Stück, das von Durchstechereien aller Art, von Verkuppelungen und Standeserhöhungen, verkündeten und wieder zurückgenommenen Hochzeitsavancen und Ordensverleihungen strotzt: Man steht einander bei, unter den upper ten von Spanien, und überläßt die Bestrafung – der Kirche. (Kein Zweifel, daß der Mercedariermönch Tirso de Molina den steinernen Gast in einer Weise auftreten läßt, die dem Zuschauer bedeutet: Da hätte, statt die Geistlichkeit als himmlische Vollzugsperson zu bemühen, lieber die Krone etwas früher eingreifen sollen: dann wäre so manches Herz nicht geknickt und der Bösewicht – wer weiß – nicht in die Hölle – wie heißt es bei Hoffmann? – *abtransportiert* worden.)
Ein bißchen lässig – zeigt der Dramatiker im Mönchshabit, Tirso – ist sie schon, diese Nobilität um einen König, der unter seinesgleichen der allerläßlichste ist. Auf jeden Fall sieht man zu, wie die Jeunesse dorée, auf Kosten der Frauen, ihre Amouren auskostet, einmal hier, einmal da; wenn's schlimm kommt, springt man vom Balkon, aber steht sofort wieder auf, stürzt sich ins Wasser, ins Kalte und Heiße, ins Meer und die Liebe, macht Dummheiten aller Art – man ist jung, man ist reich – genießt es, Frauen die Unschuld und Hahnreis die Ehre zu nehmen: ganz im Stil einer Komödie – keine Rede von Tragik und hohem Pathos.

Don Juan, dies wird gern vergessen, ist eine Lustspielfigur: entlarvter Betrüger und bestrafter Wüterich. Und so narrt man einander und wird selbst zum Narren gehalten, so vertauscht man die Kleider, spielt heut: *Pastorale* und morgen: *Mantel und Degen,* wechselt die Frauen (aber nie: die Gesinnung), verkehrt mit süßen Mädels wie schnitzlersche Leutnants, man duelliert sich, man lügt und betrügt (was soll schon passieren? Papa ist Gerichtspräsident), man lebt und liebt und sagt: »Heute ist heute« und: »Zum Sterben hat's immer noch Zeit« – bis am Ende, nach dem Totenmahl mit Schneiderkrallen, Vipern und Kröten, der steinerne Gast kommt, kurz vorm Happy-End, bei dem die Hinterbliebenen, gestern geknickt und heute frisch aufgerichtet, ihr Hochzeitsfest feiern. »Alles in Ordnung, die Erde hat sie wieder, der Hallodri ist tot, der Spaß kann weitergehen.«
Es darf Bilanz gezogen werden: drei Eheversprechen, vier betrügerische Operationen eines notorischen Wiederholungstäters, vier Fluchten: zu Pferd, zu Fuß, mit dem Schiff; ein Freundesbetrug übelster Art, zahlreiche kleine Delikte und, natürlich, ein Mord ... auf jeden Fall eine Registerarie besonderer Art. Von Dämonie kann wahrlich nicht die Rede sein ... bei Tirso de Molina so wenig wie im Libretto Da Pontes.
Mag Mozarts Musik das Gewalttätig-Strahlende, den Glanz großer Verführung und die sinnliche Kommunikation noch im Sprachlosen präsentieren: das gewaltige Zauberwerk, das nicht nur Kierkegaard und Hoffmann blendet, die Dämonie des Einen, der alle Beziehungen sprengt – im Textbuch ist von diabolischer Verruchtheit herzlich wenig zu spüren. Don Juan, stellen wir bekümmert fest, hat zwischen dem Beginn des siebzehnten und dem Ende des achtzehnten Jahrhunderts an Intelligenz nicht gewonnen: Reden, so Wolfgang Hildesheimer, ge-

hört zuallerletzt in sein Repertoire; aber auch die große Arie, lyrischer oder reflektierter Natur, ist ihm nicht vergönnt; über den berühmten (falsch titulierten) Champagner-Gesang geht's nicht hinaus. (»Ungebändigte Lebenslust«, schreibt Wolfgang Hildesheimer in der grandiosen Don-Giovanni-Interpretation seines Mozart-Buchs, »mußte sich offenbar in Sekt symbolisieren.«)

Als Rhetor eher unbegabt, als Sänger von seinem Komponisten in die zweite Reihe gerückt (freilich nur deshalb, weil er ohnehin allpräsent ist), als Betrüger und Stehaufmännchen (geschickt, aber seelenlos) durchaus verwertbar, zeigt sich Don Giovanni, bei Da Ponte, eher als Versager denn als großer Held.

Seine Glanzzeit (wurde oft zu Recht betont) liegt offenbar lange zurück: Jetzt, in actu ludi comici, *hält* er sich zwar noch für unwiderstehlich, *ist* es aber längst nicht mehr: Auf jeden Fall gerät der Mann, der da glaubt, er könne dank seiner Riesenpotenz niemals versagen, ständig in Situationen, in denen er mitnichten ans Ziel kommt … ein Triebmensch und Neurotiker, den es, dank gehäufter Zufälle, Szene für Szene erwischt: einen Bramarbas also, der gleichwohl unverdrossen den Teufelskerl spielt: »Wer nur einer treu ist, ist gegen die anderen grausam; ich, der ich in mir ein so großes Gefühl verspüre, habe sie alle lieb.«

Wie heißt es in Shakespeares *Hamlet:* Worte, Worte, Worte … Worte eines Buchhalter-Amoros (einen »extensiven Verführer« nennt Kierkegaard ihn – im Unterschied zum weit gefährlicheren, weil intensiv liebenden Faust!) – Worte eines Machos, der die Straßen durchstreift (»Still! Mir scheint, ich spüre Weibergeruch …«) und nur ein einziges Ziel hat: seine Liste ihm zum Opfer gefallener Mädchen um ein paar Namen – pardon! nicht Namen: Nummern natürlich! – zu vermehren: »Ich unterdessen will mit dieser und jener Liebesspiele treiben. Ah! Meine Liste wirst du morgen früh um rund zehn erweitern müssen.«

Runde zehn: in der Theorie. In der Praxis: keine einzige – nicht einmal eine Novizin. (»Aber seine größte Leidenschaft«, heißt es in der Registerarie, »ist die junge Anfängerin.«)

Wir registrieren wiederum: vier Versuche – vier Niederlagen: dank des Straßenlärms, dank des Dazwischentretens widriger Geister, dank des Debakels beim Fensterln. Anders als der spanische Caballero bei Tirso, hat der bürgerliche Liebhaber Da Pontes von vornherein die ganze Welt gegen sich. Seine historische Stunde ist längst vorbei, und der Bindungsferne, den's ins aufgeklärte achtzehnte Jahrhundert verschlug, ist ohne König, Komplize, Freund und Papa ein heimatloser Gesell, dem der Erfolg fehlt: »Mir scheint, heute nacht macht sich der Teufel einen Spaß daraus, meine vergnüglichen Pläne zu durchkreuzen: sie gehen alle schief.«

Kein Wunder, so gesehen, daß Don Giovanni am Ende, mit Leporello die Kleider wechselnd (mit einem Diener! Das hätte man einmal dem Spanier zumuten sollen: Er hätte, nach der Maxime: Mantel und Leibrock tauscht man mit seinesgleichen, aber, Gott behüte, doch nicht mit Domestiken, den Degen gezückt!) ... kein Wunder, daß Don Giovanni schließlich einer Zofe – vergeblich, natürlich – den Hof macht, und dennoch – nun die Kehre, die gewaltige Wende! – im Augenblick der Vernichtung, allen Vorgängern an trotziger Würde voraus (*ich habe gelebt, und so war's gut*), als Nein-Sager jener Gegenmacht Paroli bietet, die ihn zwar straft, aber gleichwohl davor bewahrt, als Gescheiterter weiterleben zu müssen: Der Augenblicksmensch hat keine Zukunft, der Mann ohne Schatten keine Perspektive, die über den Tag hinausweisen könnte.

Und dennoch: *ein* großer Augenblick! Die Permanenz des *no! no! no!* reicht hin, dem Mörder – nicht dem Libertin: der ist, wie Hans Mayer gezeigt hat, von Himmel und Hölle so wenig verfolgenswert wie bei Da Ponte oder Molière) – … *ein* großer Augenblick reicht hin, um, sub specie aeternitatis, einem Mann Größe zu geben (Größe in d-moll), der nicht als bürgerlicher Harlekin, sondern in anderer Gewandung, im neunzehnten Jahrhundert als jener weltgewandte Gedankenkünstler und Moqueur Interesse findet, der, mit seiner selbstgewissen Rhetorik, seiner Scheinheiligkeit und seinem Witz (freilich ohne die Fähigkeit, sich selbst problematisieren zu können) schon von Molière präfiguriert worden ist … aber eben nur *prae*-figuriert.

Alles in allem, wir versuchen ein Zwischenfazit, nimmt sich die Bilanz – wäre da nicht Mozarts Musik! – an jener Zeitenwende eher düster aus, da Don Juan stirbt und die – doppelgesichtigen – Lebenskünstler des Don Juanismo die Bühne betreten.

Auf viel Sympathie von seiten seiner Autoren jedenfalls – ein einzigartiges Phänomen in der Literatur! – ist Don Juan nicht gestoßen: auf Sympathie nicht, auf Abscheu nicht, auf bewundernden Ekel schon gar nicht; kein Richard III. gibt ihm Kontur, die Rolle eines Schurken ist zu groß für ihn.

»Gesprenkelter Titanismus« – so Ernst Bloch – das ist das Äußerste, was Poeten und Essayisten, sieht man vom Stolz der Spanier auf ihren Mann ab: den Sevillaner, der, im Bannkreis des Todes, wie ein Torero zu lieben verstünde … das ist das *Aller*äußerste, was die Schriftsteller dem Illiteraten als Mitgift zuzuerkennen bereit sind … und auch das nur in Ausnahmefällen.

Ansonsten bleibt's bei ein bißchen genanntem Konstatieren von *schmuddeliger Verruchtheit* und – das Wichtigste – der Erkenntnis, daß dieser Don Juan im Grunde ein Frauenfeind ist: unfähig, die *Eine* (und nicht nur das Gattungswesen) zu lieben, ein Muttersöhnchen womöglich, das sich für erlittene Kränkungen durch Brutalität zu rächen versucht. Und dazu, immer wieder, die Frage: Was *kann* dieser Mann eigentlich – außer seine Liebschaften in Büchern dingfest zu machen? Hat er Freunde? (Gewiß nicht.) Kinder? (Offenbar ebenfalls nicht: die impotentia generandi ist ein spezifisches Don-Juan-Problem.) Leistet er etwas in der Gesellschaft? (Keineswegs: er ist schlechthin a-sozial.) Hat er, wie Tristan, sein christlicher Antipode in Liebe und Leid, eine unverwechselbare Vergangenheit? (So wenig wie eine Zukunft.) Kurzum, mag's einer drehen und wenden, wie er will: Je genauer wir Don Giovanni betrachten, desto belangloser wird er: ein Egozentriker und Narziß, der zählt und nicht liebt, ein entwicklungsloser Patron, der groß allein in seiner Todesstunde ist.

Abgetan und erledigt also? Keineswegs: Schriftsteller sind unberechenbare Gesellen. Hatten wir nicht geglaubt, die Tage Herakles', der nichts außer seinen Bärenkräften besäße, seien für immer gezählt? Und auf einmal erschien Peter Weiss und erhob in der *Ästhetik des Widerstands* Einspruch im Namen aller Plebejer, die seiner Hilfe bedürften – sich allerdings mit ihren Hoffnungen täuschten.

Und Don Juan? Der vermeintlich Abgetane – was ist mit ihm? Nun, es hat *einen* (freilich nur einen, aber dieser eine genügt, um die Akte Don Juan wieder zu öffnen) gegeben, einen Schriftsteller, der auf dem ureigenen Terrain dieses Herrenmenschen, der unfähig ist, sich verläßlich auf eine Frau einzulassen – auf dem Theater also, dem Ort des Fintierens und Bluffens, wo Schein und Sein einander begegnen: wo Rollenspiele inszeniert werden und Schauspieler Gelegenheit haben, Masken und Personen miteinander zu konfrontieren ... es *gibt* einen Schriftsteller (ich wähle mit Absicht das Präsens, obwohl Max Frisch gestorben ist), der in seinem Stück *Don Juan oder Die Liebe zur Geometrie* den Fall des verführten Verführers mit Esprit und hoher Poesie neu zur Diskussion gestellt hat – und dies, indem er alle Rollen, Masken, Szenen und Situationen derart zitierte, daß sie gleichsam »umkippen«: Aus dem Frauenhelden wird ein scheuer junger Mensch, der, zu Beginn des Stücks, noch jungfräulich ist; der Amoroso mit dem gewaltigen Penis und dem kleinen Gehirn verwandelt sich in einen Mathematiker, der sich im Bordell, statt den Holden und Schönen in den Ausschnitt zu schauen, lieber beim Schachspiel vergnügt; der Tollkühne gibt sich bedachtsam und listig; der Held *spielt* den Helden, ist aber keiner; der Unwiderstehliche flieht ... und in diesem Augenblick beginnt sein Verhängnis, die Falle schnappt zu, und der Rollenverweigerer sieht sich gezwungen, eben jene Rolle anzunehmen, die ihm die Gesellschaft zugeteilt hat: Wie Elektra in Giraudoux' gleichnamigem Drama (wir erinnern uns) kommt Don Juan, von außen gedrängt, zu sich selbst ... aber eben nicht nur *»von außen«*: Der junge Mann, der die Klarheit, Vernunft und Ordnung der Mathematik den Maskenspielen, Verwechslungsszenerien und Mummenschänzen der Liebe vorzieht, verfällt in einer Walpurgisnacht der Maskerade im Park ausgerechnet jenem Mädchen, das er am Tag darauf heiraten soll, *erkennt* sie (was lutherisch heißt: ist mit ihr zusammen) und erkennt sie, im Sinne des üblichen Sprachgebrauchs, auch wieder nicht – will heißen: er schläft mit ihr, weiß aber nicht: Dies ist das Mädchen, das am kommenden Tag meine

Frau werden soll; liebt also, gut donjuanesk, das Gattungswesen und nicht die Person ... und in diesem Augenblick wird ausgerechnet jenes junge Genie, das sich, dank seiner verwegenen Vorstellung von mathematischer Eindeutigkeit einer verderbten Welt entziehen möchte, in der ehrbare Mütter höchst unehrenhaft mit Priestern verkehren, geistliche Herren lieber im Puff tätig sind als auf der Kanzel und treue Ehemänner nur deshalb ihre Reinheit bewahren, weil sie impotent sind ... in diesem Augenblick will sich Don Juan, dem es um das *eine* Erkennen geht und nicht um dessen Zerspaltung in Geschlechtslust und unverwechselbares personales Einander-Annehmen und Von-einander-Wissen – in diesem Augenblick will sich Don Juan verweigern und sagt »Nein«, während der Trauungszeremonie; denn die Frau, die er besaß, war ja nur durch Zufall *seine* Frau, und er, durch den gleichen Zufall, *ihr* Mann: Es hätten genausogut andere sein können: austauschbare, beliebige Figuren in einer Stunde der Maskerade, in der nicht einmal die Hure die Identität der im Park Versammelten ausmachen kann.

Nicht der Augenblick der Hochzeitszeremonie also, sondern die Begegnung im Park ist für Don Juan die Stunde der Wahrheit: Da nämlich hatte er erkannt, genauer: zu erkennen geglaubt, wie trügerisch das Liebesgefühl sei, wie wenig verläßlich und wie fern aller mathematischen, Geschlechtswesen und Person identifizierenden Eindeutigkeit ... und darum sagt er »Nein«, »Nein« in der Rolle eines tieftraurigen, melancholischen Don Juans, wie ihn die Literatur vorher noch nie geschaffen hat.

Und nun die Volte! Nun das Paradox! Durch seine Weigerung, durch Don Giovannis vom Metaphysischen ins Soziale verkehrte Weigerung: *No! No! No!,* schlittert er in eben jene donjuaneske Rolle hinein, die ihm von Grund auf verhaßt ist. Eine Nacht lang (*eine,* die *seine* werden sollte: die Nacht der gemeinsamen Flucht mit der unbekannten Geliebten) versucht er, in einer Mischung aus Verzweiflung und Ekel, einem letzten Rebellionsversuch an der Grenze zum gefürchteten Akzeptieren der Wahrheit *(schau hin, es ist alles beliebig),* die Ubiquität gesellschaftlicher Liebeskonventionen in Frage zu stellen; jedoch vergebens: Das Vermutete bestätigt sich, und das gleich doppelt und dreifach: Die Schwiegermutter der Braut gibt sich dem desperaten Desperado mit der gleichen Selbstverständlichkeit hin wie die Braut des Freundes (Tirso de Molina winkt von fern her) oder eine unbekannte junge Schöne.

Die auf erkennbarer Selbst-Identität und personaler Unverwechselbarkeit beruhende Liebe erscheint Don Juan als Ideologie, der keinerlei Wahrheitsgehalt eignet; Eros und Mathematik sind, glaubt unser juveniler Rollenträger, so wenig vereinbar wie Mann und Frau, das Ich und das Du … und diese totale Ubiquität führt dann dazu, daß der Mathematiker, dem – wie bald! wie schnell! – alles als vertauschbar erscheint, in einem rasch an Absurdität und Paradoxie gewinnenden Akt zum Protagonisten in einem Spiel wird, das die Gesellschaft ihm offeriert.

Der Rollenverweigerer geriert sich als Rollenträger, akzeptiert zumindest ironice die Aufgabe, die von ihm verlangt wird, spielt mit: ohne, wie sich versteht, dabei auf seine reservatio mentalis je zu verzichten … doch selbst dieses Vorbehalts-Leben unter angenommener Maske ist auf Dauer nicht zu ertragen; unser Mathematiker langweilt sich: wiederholte Gleichungen mögen für ihn durchaus apart sein, wiederholte Affären, mit ihrem ewigen Einerlei, ekeln ihn an.

Der Schluß kommt schneller als geahnt: Der Rollenspieler inszeniert sein großes Finale, den Abgang vor den versammelten Lieben von gestern: so wie die Tradition es verlangt. Und auch der Komtur ist dabei, gespielt von der Kupplerin Celestina. Ein Mechanismus am Tisch sorgt für reibungslose Versenkung: die Fahrt in die Hölle ist technisch perfekt und theatergerecht inszeniert – durchschaut selbstverständlich von den Anwesenden, aber gleichwohl für wahr ausgegeben: Was vermag schon eine winzige Wahrheit gegen eine gewaltige Legende?
Wer redet schon von Zauberei, wenn das Märchen in der Lage ist, eine Höllenfahrt anzubieten? Eine Höllenfahrt, leibhaftig und wirklich? Oder geht es nur um einen in der Weise Max Frischs bewerkstelligten Übertritt in eine ganz andere, durchaus zivilere Unterwelt: den Hades der Ehe?
Keine spanische Hölle, sondern ein helvetisches Genrebild markiert das Finale: Don Juan, der, um der Legende willen (in Sevilla wird Tirsos *Burlador* aufgeführt), seinen luxuriösen Palast so wenig verlassen kann wie seine Frau, die Hure Miranda und – eine Pointe besonderer Art – das Kind, das er gezeugt hat: erlöst von der donjuanesken impotentia generandi – Don Juan sagt statt *No! No! No!* am Ende nur »Mahlzeit«.
Eine neue Rolle also, eine rettende: da Miranda, ein Spiegelbild der grandiosen Donna Elvira, Mozarts ergreifendster Figur, die einzige ist, die Don Juan am Ende in doppelter Weise erkennt? Ein Happy-End? Ich denke, konsequent wäre das schon, und bedaure von Herzen, daß Frisch es nicht über sich brachte, das Lustspiel, statt in mürrischer Alltäglichkeit, mit einem Hofmannsthal-Finale enden zu lassen: Don Juan als Kari Bühl – auch er ein eingefangener Ehemann.

So wie das Drama endet, nimmt sich der Schluß – von langer Hand vorbereitet und vom Leser ebenso lange erwartet – ein wenig ubiquitär aus. Kapitulation oder Tod: die Ehe oder die Hölle – etwas simpel, denke ich, nach so viel Gedankenanstrengung. Warum nicht endlich einmal ein glückliches Ende, in dem Giovanni zum Hans wird, statt des helvetisch-tristen Finales, mit einem die Serviette vor dem Jabot tragenden Don Juan, der sich lieber über verspätete Diners ärgert als, was von einem Intellektuellen seines Schlags zu erwarten ist, seine Narziß-Existenz zu durchschauen – die ein wenig lächerliche Pose des Nur-Manns, der danach trachtet, die Geschlechterteilung der Gattung Mensch zu revozieren, als Aberwitz preiszugeben und die Liebe zu Miranda mit der Liebe zur Geometrie zu verbinden – kurz, endlich seine eigene Rolle zu spielen, statt für Zeit und Ewigkeit im Uneigentlichen die längst obsolet gewordene Stellung zu halten.
Trägt der Don-Juan-Stoff, fragen wir, Variationen und Mythen weiterspinnend, tatsächlich kein Happy-End? Muß Don Juan wirklich seine Rolle bis zur letzten Konsequenz mitspielen und, statt jenes Subjekt zu werden, dem er im sinnfällig gewordenen Leben durchaus Profil geben könnte, seine letzte und kläglichste Inkarnation akzeptieren: das Spießerdasein in der Schweizerhölle der Ehe?
Gut, Frisch hat es anders gewollt: Narziß sollte Narziß, das Rollenspiel Rollenspiel bleiben. Don Juan: ein mittelloser Pedant in einer Villa, die seine Ehefrau, eine zu Wohlstand gekommene Hure, bezahlt; auch mit diesem Finale ließe sich leben, stünde dem nur nicht das Pathos der nachträglichen Deutung entgegen (die gottlob erst nach Abschluß des Dramas formuliert worden ist: sagt jedenfalls Frisch – muß ich ihm glauben?): Don Juan als

Faust, Ikarus und Torero – der ins Männerkloster gehöre, mit seinem Schachbrett, als genialer Rollenspieler, aber schließlich selbst in der »Mahlzeit«-Ehe aufs Domizil unter den Sternen verwiese – das Macho-Reich mit seinen Absurditäten, bewohnt von einem schlanken Spanier mit nervigen Händen, dessen Beschreibung dem Leser die Vermutung nahelegt, Frisch habe bei der Niederschrift unentwegt Mozarts *Don Giovanni* gehört: interpretiert von Ortega y Casset.
Seltsam, höchst seltsam: Wenn Dichter sich nicht als Stückeschreiber, Prosaisten oder Lyriker, sondern als Essay-Schreiber über Don Juan auslassen, werden sie feierlich, verfallen in pseudo-kierkegaardsche Pathetik und mögen partout von Himmel und Hölle nicht lassen: Das gilt für Max Frisch, und das gilt auch für Albert Camus, einen Schriftsteller, der, wie die Tagebücher beweisen, ein Leben lang von Don Juan nicht loskam: Als junger Mann hat er ihn, in der Puschkin-Fassung, auf einer algerischen Bühne gespielt, hat, später, in den Diarien, seine *Männlichkeit* (deren konsequente Betonung auch Frisch fasziniert hat) hervorgehoben, hat ihn als intelligenten Nur-Mann verklärt, mitsamt seiner virilen Trinität »Der Mut, die Intelligenz und die Frauen«, hat ihm die tragische Würde eines Rebellen gegeben, der um seine Begrenztheit weiß, sie aber, im donjuanesken »No«-Sagen: gerichtet an die Adresse der Götter, akzeptiert.
Don Juan: Inbegriff eines mutigen Mannes, dessen Würde auf dem Anerkennen seiner Schwäche beruht: Die Kraft wird ihn verlassen, seine Potenz, aber er verzweifelt nicht, sondern bleibt wach bis zum Ende, erwartungsfreudig noch dort, wo die Negation unausweichlich ist: vollständig und durch keinen Selbstbetrug zu besiegen.
Es ist faszinierend zu sehen, wie Max Frisch und Albert Camus, unabhängig voneinander, vergleichbare

Don-Juan-Konzeptionen durchgespielt haben: In jedem Fall gewinnt ein Mann Gestalt, dessen Tragik (freilich auch dessen Begrenzung, die schon ein wenig lächerlich wirkt) darin besteht, daß er, der nur Mann sein möchte, gleichwohl die Frau braucht, aber lieber ohne sie auskommen würde, in seinem Männerkloster, das auch Camus für ihn reserviert hält: ihn, den Frondeur, den die Dämonenschreie am Ende der Tage nicht schrecken, sondern der, im Gegenteil, begierig ist, als letztes noch die Hölle kennenzulernen: »Der Don Juan des Wissens: Kein Philosoph, kein Dichter hat ihn entdeckt«, heißt es im achten Band der Tagebücher, »… er genießt die Reize und Intrigen des Wissens – das er bis zu den höchsten und fernsten Sternen verfolgt –, bis ihm schließlich nichts mehr zu sagen bleibt außer dem, was dem Wissen an absolut Schmerzlichem innewohnt, so wie der Säufer am Ende Absinth und Fusel trinkt. Deshalb wünscht er sich schließlich die Hölle. Sie ist das letzte Wissen, das ihn *verführt*. Vielleicht wird auch dies ihn enttäuschen wie alles, was er schon kennt. Dann müßte er für alle Ewigkeit innehalten; auf die Enttäuschung festgenagelt und selber zum steinernen Gast geworden, verlangte ihn dann nach einer Abendmahlzeit des Wissens, einer Mahlzeit, deren er nie teilhaftig werden kann. Denn die ganze Welt der Dinge wird keinen Bissen mehr haben, den sie diesem Hungrigen geben könnte.«
Liest man Sätze wie diese, bedenkt, daß Camus, Kierkegaard revozierend, ein Leben lang über die Symbiose von Don Juan und Faust nachgedacht hat, bedenkt weiterhin, daß auch Frisch seinem bürgerlichen Antihelden Faust als Vorbild beigesellt hat, und bedenkt schließlich, daß selbst das Spießerfinale in *Don Juan oder Die Liebe zur Geometrie* als ein Höllenschluß aufgefaßt werden soll, dann stellt sich, am Ende, ein Bedauern ein, denke ich,

daß die Dichter sich offenbar scheuen, einen Don Juan zu beschreiben, der alt geworden ist, aber auf der Erde, eingefügt in die Normalität alltäglichen Tuns, heiter zurückblickt: kein Rebell, kein Narziß, kein Macho, kein Faust, kein resignierender Spießer, sondern ein Mensch wie – nennen wir ihn, wenngleich Max Frisch nachdrücklich Einspruch erhöbe – jener donjuaneske Memoirenschreiber Casanova, der auf Schloß Dux im Augenblick der Niederschrift lustvoller, schmerzlicher, bunter, spontaner und, nehmt alles in allem, wohl bestandener Abenteuer eine zweite Jugend erlebt: nun als reflektierender Poet.

Ich stelle mir vor, wie er, in Prag zum Beispiel, nach der *Don Giovanni*-Premiere, bei der er anwesend war, seinem Gegenspieler ein Exerzitium hält: ein wenig melancholisch, sehr weise und etwas verächtlich über die Nur-Männer redend, mit ihrem Absolutheitswahn an der Grenze von Rebellion und amor fati.

Casanova und Don Juan: welch ein Disput ergäbe sich, wenn sie sich träfen. Der Italiener und der Spanier. Der alte Mann und der Junge, der ewig pueril bleiben möchte, weil er fürchtet, er sei jenseits der Dreißig nicht mehr Don Juan.

Hüben der Monomane und drüben der Liebhaber von guter Gesellschaft, vielen Freunden, der Geselligkeit und des Theaters. Ein Disput zwischen Torero und Schauspielersohn, dem großen Herrn und dem Kellerkind, das zum Aufsteiger wird.

Don Juan: einsam, immer nur auf das Eine bedacht, den Sieg, den Triumph, die Unterwerfung.

Casanova: sozial, auch in der Liebe, stets an das Glück der Partnerin denkend, an Hinauszögern, Abwarten und spielerisches Verweilen.

Don Juan: männliches Überrumpeln.

Casanova: Menschlichkeit. Seine Devise: Nur keine Dämonie, bitte sehr, kein faustischer Fanatismus und keine Torero-Ideologie. (Auf der anderen Seite: Ein Mut ohne Beispiel – Während Don Juan alleweil nur mit einem kleinen Hopser aus dem Boudoir seiner Schönen über den Balkon in den Garten springt, plant Casanova mit arbeitsamem Kalkül die Flucht aus dem Zentrum der Macht, den Bleikammern Venedigs: ein König der Ausbrecher und kein Bürschchen beim Fensterln.) Ins Dämonische freilich reicht, im d-moll des Finales, nur der andere.
Don Juan: Die Hölle! Das Männerkloster. (In dem, für Camus eine faszinierende Vorstellung, die Mönche Don Giovanni ermorden, um hernach zu erklären: Der Komtur hat ihn gerichtet.)
Casanova: Kleine Abenteuer, Blicke durchs Schlüsselloch. Lange Amouren und längere Gespräche in unterschiedlichsten Positionen.
Don Juan: rebellisch im Zeichen des nahenden Todes, doch auch gelassen. (Wen die Götter lieben, lassen sie jung sterben: ein Don-Juan-Satz).
Casanova: ängstlich und ein bißchen ridikül, im Blick auf den nahenden Tod: man lebte, trotz aller Gebrechlichkeit, gern noch ein Weilchen.
Don Juan: der Augenblicksmensch, kat'exochen: selbst dann noch, wenn er den Augenblick reflektiert.
Casanova: zurückblickend und planend: Es ist noch viel zu tun.
Don Juan: keine einzige Zeile. Illiteratentum als Lebensprinzip.
Casanova: ein Riesenwerk, von den Memoiren und der Übersetzung der Ilias bis hin zu Traktaten über Verhütungstechniken und die Emanzipation des zweiten Geschlechts.

Don Juan: Ein Mann des Spontanen – Ins Bett! Und Flagge gezeigt!
Casanova: Ein Mensch, der um Vergänglichkeit weiß, um Glück und tristesse, um Triumph und Melancholie – ein Literat, der sich zu helfen weiß: »Ich schreibe, um mich nicht zu langweilen, und ich freue und beglückwünsche mich, daß ich daran Gefallen finde. Wenn es nur Geschwätz ist, so kümmert mich das nicht. Mir genügt die Gewißheit, daß ich mich dabei unterhalte.«
Und, am Schluß des Disputs, die Frage (Casanova könnte sie in der Rolle eines zivilen Komturs stellen): Ist ein Mensch, der nicht alt werden mag, weil er fürchtet, er sei dann nicht mehr er selbst, wirklich ein homo humanus und nicht eher ein pubertäres Konstrukt?
Und die zweite Frage – die selten gestellte und niemals beantwortete: Wie sähe Don Juan aus, und welch ein Rang käme ihm zu: einerlei, ob er der Sinnlich-Musikalische, der potente Verführer und zynische Monsieur le Vivisecteur ist (Camus nennt ihn: Don Faust), wenn eine Frau ihn beschriebe?
Ich glaube, es wäre Zeit, daß sie es täte. Don Juan, im Zeitalter der Emanzipation, welch ein Stoff für eine Schriftstellerin!

Hamlet:
Das Genie der Poeten

Vierter Diskurs

Zu Beginn unseres vierten Diskurses ein Résumé: Wir begannen, auf Odysseus' Spuren, im September 1917 (ein junger Englischschüler läßt sich vom großen James Joyce in die Denk- und Lebensweise eines listigen Mannes einweisen); wir gingen, im zweiten Diskurs, um eine Annäherung an Antigone und Elektra bemüht, weit zurück ins fünfte vorchristliche Jahrhundert (die gewählte Konstellation: Perikles contra Lysistrate) und kehrten bei unserer dritten Überlegung in die Neuzeit zurück: zu Gast bei E. T. A. Hoffmann, der, in bescheidener Bamberger Existenz, Don Juan seine letzte Chance verspielen läßt – ohne Schuld freilich, da der Rettungsengel, Donna Anna, nicht Erlöserin ist, sondern, durch einen musikalischen Faust-Mephisto-Giovanni verführt, selbst zum Opfer wird: Der Aufstieg zum Himmel – eine doppelte Fahrt in die Hölle!
Drei Reisen also in die Tiefe der Zeit, um Figuren zu begegnen, die, mit Hofmannsthal zu sprechen, durch die Fähigkeit bestimmt sind, die »Phantasie der Welt in Bewegung zu setzen«.
Drei Reisen, die zu unternehmen ich nicht gewagt hätte, wären da nicht verläßliche Ciceronen gewesen, mit deren Hilfe die Polyvalenz der mythischen Vorbild-Gestalten, zumindest ansatzweise (mehr war in drei knappen Diskursen nicht zu erreichen), erhellt werden konnte: Kierkegaard, der bedeutendste aller Um- und Neu- und Anders-Schreiber – ein Künstler, der seine Antigonen und Giovannis vom Leben ins Philosophische führt, um sie von da aus, auf einer dritten Existenzebene, in Kunstbezirke zu geleiten. weit voran; *nach* ihm, wenngleich

ihm in Wahrheit *voraus*gehend mit seiner Unterscheidung von antiker Substantialität und moderner Subjektivität, der große Hegel; dann, im Abstand der Zeit, nicht des Ranges, James Joyce, der den Kriegsmann wider Willen, Odysseus, in einen friedfertigen Bürger verwandelt – einen Spaziergänger, der, bei kurzen Wegen, in aller Herren Länder und aller Götter Zeiten gerät – ein Durchschnittsmann, der durch sein Judesein gezeichnet ist.

Und dann Max Frisch, einer, wie er's genannt hat, aus dem »immer größer werdenden Freundeskreis des Toten« – ein Poet, mit dem ich mich (wie gern!) über den *glücklichen* Don Juan gestritten hätte – den Einzigen, der in der Lage sein könnte, die Antinomie von Rollenspiel und Identität, dem Maskentragen und dem Selbstsein zu überwinden – und zwar an der Seite Mirandas – neben Donna Elvira für mich die Protagonistin im Umkreis Don Juans. (Donna Elvira, und nicht die hochdramatische Donna Anna, die zwar ein glühendes Weib ist, sich aber leider allzu wenig auf Gedankenkünste versteht.)

Kurzum, hätte ich meine Diskurse in Form einer Dissertation zu publizieren, ich würde die Überlegungen nicht, wie's üblich ist, den *lieben Eltern* oder, da Dissertanten heute oft in reifen Jahren sind, der Lebensgefährtin, *ohne deren Hilfe ich nicht* … dedizieren, sondern sie meinen Wegführern widmen, von Kierkegaard bis Max Frisch, dazu Ernst Bloch und Hans Mayer, zwei Kontrahenten in Sachen Don Juan, wo der eine den Titanen auf dem Weg zur »Hohen Stunde« sieht, während ihn der andere, zurückhaltender, als freischwebenden bürgerlichen Künstler ausmacht: Richard Wagner näher als Tirso, dem dichtenden Mönch in der Mercedarier-Kutte.

Aber auch Albert Camus würde ich danken, der mir, einem sehr jungen Schriftsteller, der gerade den Roman

Le monde des accusés geschrieben hatte – *Nein – Die Welt der Angeklagten* –, anno 1951 in seiner Lektorenklause bei Gallimard als erster die Kunst fruchtbarer Mythenvariation vorexerzierte: »Wenn ich an Sisyphos denke«, sagte Camus, der im berüchtigten Höllenkärrner den Inbegriff eines absurden Menschen sah: einen Mann, der zwar traurig sei, aber gleichwohl gelassen in seiner rebellischen Resignation und heiter in der Empörung bliebe, von der er sehr genau wußte, daß sie umsonst sei: »Wenn ich an Sisyphos denke, dann sehe ich ihn vor mir, wie er, dem rollenden Stein nach, bergab geht. Ich betrachte also nicht den verzweifelten Mann, der den Stein mit einer ungeheuren, qualvollen und, ach, ganz vergeblichen Anstrengung Millimeter für Millimeter emporzustemmen versucht. Ich habe einen heiteren Sisyphos, der nicht alt und gebeugt ist, sondern schön, verwegen und jung, vor mir – er lächelt und geht ruhig, weder erschöpft noch übermütig, dem Stein hinterher: Ich werde es also noch einmal versuchen, immer wieder, und mich, in klarem Wissen um die Vergeblichkeit meines Tuns, niemals entmutigen lassen.«
Dank also an die Ciceronen, Schriftsteller, Vorbilder, Freunde, mit deren Hilfe ich (*ich:* nicht *wir* oder *man;* Résumé gehört es sich, im eigenen Namen zu sprechen und sich zu seiner Subjektivität zu bekennen) noch einmal zurückblicke: auf Ulysses zunächst, den Privatmann, wie Joyce ihn beschrieb (kannte er Platons Definition des *idiotes* Odysseus? Sicherlich; denn – was kannte er nicht?): Odysseus, der, als Leopold Bloom, unter die Sterne gerät, mitten in Dublin, weil er von jener Fähigkeit des modernen Menschen bestimmt ist (Hofmannsthal, auch er ein Cicerone à la Kierkegaard: in alten Spuren Zeitgemäßes gewahrend, hat die Begriffe geprägt), *Kontemporaneität* und *Simultaneität* zugleich praktizieren

zu können: will heißen, ein wahrhaft modernes Leben zu führen … das Caesar so nah wie den Nachbarn, Barrabas oder Hiob nicht ferner als den soeben ernannten Staatspräsidenten sein läßt und es, in eins damit, erlaubt, zugleich in Peking oder Linz, Rio oder Frankfurt zu sein: als Partizipant aller Zeiten und Räume – eine Teilhaberschaft, die es Bloom-Ulysses ermöglichte, sich in Dublin und unter den Himmeln, in einem sehr realen Irland mit *stürmischen Öden,* mit der *untergegangenen versteinerten* Stadt und mit den *Ulmen in Kildaire – und* in Ceylon umzuschauen (»mit Gewürzgärten, welche Thomas Kernen, Vertreter von Pulbrook, Robertson und Co … Dame Street, Dublin, mit Tee belieferten … der Geldmarkt der Wall Street [der die internationale Finanz kontrollierte], die Plaza de Toros in La Linea, Spanien, wo O'Hara von den Camerons den Stier erlegt hatte), der Niagara [über welchen kein menschliches Wesen je ungestraft gelangt war] … die Bucht von Neapel [die sehen sterben hieß], das Tote Meer«).

Abschied also, im Résumé des vierten Diskurses, der uns bald in die unmittelbare Gegenwart führen wird, Abschied von Odysseus, den Joyce von den Toten erweckte, um mit seiner Hilfe die – allein durch die Verweisungskraft des Doppelspiels sinnfällig zu erhellende – Universalität des modernen Bewußtseins zu illustrieren.

Abschied von Antigone, die immer dann zitiert wird, wenn es gilt, das Verfügungs*recht* des Individuums gegen die Verfügungs*macht* des Staats auszuspielen: oft mit ungewissem Erfolg und offenem Ausgang. (Wer, fragten sich Franzosen und Deutsche im Zweiten Weltkrieg bei der Lektüre von Anouilhs *Antigone,* hat nun recht, der Ja-Sager Kreon oder die Nein-Sagerin Antigone? »Der Ja-Sager«, erklärten die Deutschen und sorgten dafür, daß das Stück die Zensur ohne Striche passierte; »Die Nein-Sagerin«, behaupteten die Franzosen, »dies ist ein Drama der Résistance.« »Weder das eine noch das andere«, könnte der Autor sagen: »Die Fabel ist so offen, wie die Charaktere offen sind, die den Stoff tragen. Darum habe ich ihn gewählt.«) Abschied auch von Elektra, unserer dritten »Führ-Figur«, dank deren Beistand Eugene O'Neill das Doppelgesicht des amerikanischen Puritanismus erhellte: Verdrängung der Sexualität *und* Inzest, erzwungene Befolgung von Sozialkonventionen *und,* als Antwort, die Revolte der Körper; Gerechtigkeit als Ideologie *und* entfesselte Leidenschaft als Realität. Abschied, weiterhin, von Lysistrate, der ersten – und wie sehr verkannten! – Advokatin der Emanzipation aller Frauen auf dem Theater: Ich denke sie mir ein wenig älter als ihre Geschlechtsgenossinnen, denen sie, mit jugendlicher Vitalität und der Intelligenz einer gereiften Frau, den totalen Ehestreik abverlangt – Verweigerung des Geschlechtsverkehrs als ultima ratio einer vernünftigen Politik, um den Krieg zu beenden – dank eines adäquaten, leicht verfügbaren, wenngleich nur mit viel Selbstüberwindung einzusetzenden Instruments. Ein bißchen läppisch, der Einfall (wie von Männerseite oft behauptet wird)? Typisch fraulich: Sex als dürftiges Vehikel weiblicher Politik? Geschlechtsspezifische Metaphern, um Frauenstrategien als realiter nicht übertragbar zu denunzieren? Die Weiberutopie – ein harmloses Spiel? Ganz im Gegenteil, meine Herren Interpreten, da, e contrario, aus Frauensicht, als einzig menschlicher, die schlechte Wirklichkeit durch die bessere Möglichkeit ebenso witzig wie realistisch konterkariert wird: Man höre die – eher vierzig- als zwanzigjährige – Lysistrate (im gleichnamigen Aristophanes-Stück, frei übersetzt) ein Exerzitium für Männer halten – bärtige Kerle, die lernen sollen, Staatsgeschäfte nach der Art Garn spinnender Frauen zu betreiben:

»Punkt eins: So wie man aus der rohen Wolle
erst einmal, bevor das Werk beginnt,
den Unrat wäscht,
die Merde und den Schmutz,
genauso muß man das Geschmeiß rausspüln,
das sich in der Regierung eingenistet hat:
die Scheißkerle, geballt wie harter Kot.
Auch muß man – nun Punkt zwei – den Ämterfilz entklumpen,
recht – ihr folgt mir doch? – nach Spinnstuben-Manier!
So lange klopfen muß man – dies: Punkt drei: –,
bis irgendwann die ganze Kumpanei zu Boden fällt:
Ab in den Kehrichteimer! Deckel zu!
So wird gearbeitet,
wenn Hausfraun dran sind, in der Politik!
Schließlich der vierte Punkt, der wichtigste.
Das Sammeln der Flocken:
Bürger und Fremde, Gäste, die reich sind, und arme Schlucker,
Geschäftsfreunde, Flüchtlinge, Bettler, die Herberge suchen,
lest alles zusammen und spinnt aus den Flocken ein prächtiges Knäuel.
Das wird ein Mantel, Bürger, Patrioten! Auf *den* können wir stolz sein.«

Adieu, Lysistrate: Sie wird, ich bin dessen sicher, wiederkommen in der Literatur – sie, eine grandiose Frau, die der virilen Clique die Leviten liest … und eben dies ist ja das Faszinosum der Mythenfiguren: daß sie, dank ihrer Offenheit, mit jedem Politik-, Ideologie- und Paradig-

menwechsel, mit jeder neuen Entdeckung, jedem neuen Erlebnis und jeder neuen Erfahrung ihre Unverbrauchtheit unter Beweis stellen; daß sie zu Nothelfern werden – zu Weggefährten im noch Undeutbaren: weil allzu Nahen; daß sie, im Horizont der Gegenwart angeschaut, plötzlich anders sind als zuvor, weil sie, man kann es nicht oft genug sagen, plötzlich Ansichten präsentieren, die zu gewahren neuer Einsichten bedarf: der liebenswerte Petrus, tolpatschig, ängstlich und, während seine Gefährten vorauseilen, immer der letzte, ist ein anderer, wenn die ecclesia su cruce das Leben bestimmt, die jesuanische Gemeinde, als in Situationen, da der Caesaro-Papismus regiert. Antigone: nach Auschwitz und Hiroshima mit ihren Namensschwestern nicht zu vergleichen, die in freundlicheren Zeitläuften lebten. Hamlet (ich bitte um Pardon: er möge noch einen Augenblick warten) wird, als Beschwörer einer aus den Fugen geratenen, vergifteten, verseuchten, verkommenen Welt in jenem Augenblick, da der Widerruf der Schöpfung und die Zerstörung unseres Planeten reale Möglichkeit ist, weit konkreter erlebt als in einer Epoche, die das Wort »Umwelt« noch nicht als einen auf existentielle Verpflichtung verweisenden Terminus kannte.
Kurzum, wer wissen will, wes Geistes Kinder wir sind und wie die Welt aussieht, in der wir leben, der vergegenwärtige sich die Mythenfiguren in ihrer jeweiligen Variation: der schaue den Freudschen Hamlet und den DDR-Faust an, die Weltkriegs-Antigone oder den jüdischen Odysseus, die puritanische Elektra, in ihrer geheimen Revolte gegen eine Gesellschaft, die Pietät in Bigotterie verwandelt, oder Don Juan im Zeitalter der Wissenschaft – einen Intellektuellen, der – meine Abschiedsfrage nach dem dritten Diskurs – doch wohl auch eine Frau sein könnte, eine aus dem Gefolge der Eman-

zipierten früherer Jahrhunderte, deren Vorbildlichkeit erst unser (aufgeklärtes?) Zeitalter erkennen läßt – eine Fünfzigjährige zum Beispiel, vom Schlage jener imaginären Figur, die, ihrem Freund und Gegenspieler, dem Vicomte de Valmont, zur Beherzigung, die Marquise de Merteuil (das uns bereits bekannte Teufelsweib in Choderlos de Laclos' *Liaisons dangereuses*) porträtiert: »Es ist wahr, daß die Frauen je älter desto griesgrämiger werden. Von vierzig bis zu fünfzig Jahren, da macht die Verzweiflung, ihr Gesicht verblühen zu sehen, die Wut, sich zur Aufgabe der Ansprüche und Freuden gezwungen zu sehen, auf die sie noch Wert legen, fast alle Frauen moralisch angesäuert und mürrisch. Diesen langen Zeitraum brauchen sie, um mit den großen Opfern fertig zu werden; sobald es aber vollbracht ist, teilt die Gesellschaft sich in zwei Klassen. Die zahlreichste, die der Frauen, die nur ihr Gesicht und ihre Jugend für sich gehabt haben, verfällt in stumpfe Gleichgültigkeit, aus der sie sich nur zum Spiel und ein paar religiösen Übungen aufrafft; diese Klasse ist stets langweilig, oft brummig, schwer zu behandeln, aber selten boshaft ... Die andere, viel seltenere, aber wahrhaft wertvolle ist die der Frauen, die einen Charakter gehabt und nicht versäumt haben, ihrem Verstand Nahrung zu geben; die sich so ein Lebensinteresse zu schaffen wissen, wenn das natürliche versagt, und den Ausweg wählen, ihren Geist zu zieren, wie früher ihre Gestalt. Sie ersetzen die verführerischen Reize durch anziehende Güte und durch Munterkeit ... und holen sich auf diese Weise ihre Jugend zurück.«
Geschrieben im achtzehnten Jahrhundert und dank der archetypischen »Rundung« der Gestalt (im Sinne E. M. Forsters) im zwanzigsten mit neuen Augen gelesen ... mit jenem frischen Blick, der die Begegnungen mit den happy few der Literatur so interessant macht – Begegnungen

mit den wenigen zeitüberdauernden Figuren, von Odysseus bis zu Fürst Myschkin, von Elektra bis zu Tony Buddenbrook: *Mein Gott, wie konnte ich das übersehen? Dieses Ekel ist ja eine große Person, diese seufzende Schöne dagegen eine Limonadenfigur! Dieser Jammerlappen, der am liebsten nur mit sich selbst sprechen mag – in Wahrheit eine Jahrhundertgestalt.*

Womit wir bei Hamlet wären, dem dänischen Prinzen: Hamlet, dem ich mich nur dank des Beistandes eines Schriftstellers, Wolfgang Hildesheimers (meines letzten und wichtigsten Ciceronen), zu nähern wage, den ich bei der Vorbereitung dieser Diskurse am schmerzlichsten vermißte und dessen Nicht-mehr-hier-Sein ich zumal in einem Augenblick mit großem Kummer beklage, da es um unsere gemeinsame Lieblingsfigur geht: Hamlet eben, den, in seiner unverwechselbaren Intonation: leger, distinkt und beredt, mir nahezubringen Hildesheimer seit jenen Tagen nicht müde wurde, als ich einen hamletischen Melancholiker – *Herr Meister* hieß er und war in gleicher Weise in Wittenberg wie auf Kierkegaards jütischer Heide zu Haus, – er hingegen Hamlet selbst beschrieb: Hamlet (dessen Shakespeare-Sätze er, in einem nur ganz zart ironisierten Oxford-Englisch, wie Offenbarungen zitierte, literarische Manifestationen, denen allenfalls Passagen von Joyce und Djuna Barnes zur Seite gestellt werden könnten – aber selbst sie in gebührendem Abstand: erst kam *Hamlet* für Hildesheimer, dann *Anna Livia Plurabelle* und dann *Nightwood*) ... Hamlet, wollte ich sagen, der im Werk meines Freunds, über dessen Verlust die Zeit nicht hinweghilft (sie heilt nicht, sie verschärft den Schmerz) – Hamlet, der von den *Vergeblichen Aufzeichnungen* bis hin zu *Masante,* von *Tynset* bis *Marbot* den Generalbaß spielt: einmal, als allgegenwärtiger Schläfer und Träumer von joyceschen

Gnaden, in der Begegnung mit seinem Vater, dem alten Hamlet, dessen Gestalt und Rede (sofern er überhaupt redete; er sprach immer nur wenig und saß lieber zu Pferd) Hildesheimer suspekt war: Er erinnerte ihn an die Väter aus Deutschland, die Mörder aus dem Westerwald und aus Friesland, mit ihrer Schuld, die sie, um entspannter leben zu können, so gern vererben möchten, auf ihre Kinder und Enkel.

Und ein anderes Mal: Hamlet ohne den Vater, als Spurengänger, der ins Offene aufbricht, ins Yorick-Reich der Metaphern und Träume. Hamlet und Yorick: der Melancholiker im Gespräch mit dem traurig-witzigen Narren; das war Wolfgang Hildesheimers Lieblingskonstellation – eine Gegenszenerie zur Region, in der die Mörder aus Deutschland, die Obwasser und Kabasta, regieren: Schwermut und Narretei, schwarze Galle und Witz als Antidot der Gifte, die, in fernen, wenngleich keineswegs erfreulichen Zeiten, beim Nachmittagsschlaf eingeträufelt wurden und zu Gas geworden sind, zu Zyklon B.

Yorick und Hamlet, Shakespeare und Hildesheimer: das ist eine Geschichte ohne Ende: »Yoricks Schädel!« heißt es aus der Perspektive eines Schriftstellers, dem nichts mehr einfällt, in den *Vergeblichen Aufzeichnungen,* »wie war das noch? Der Totengräber förderte ihn zutage, zwischen zwei Schlücken aus der Schnapsflasche, während er das Grab für Ophelia schaufelt ... und wahrscheinlich hat er ihn nicht wieder eingegraben. Jedenfalls rollte er Hamlet vor die Füße, der nahm ihn auf und setzte sich damit in den Sand, so wie ich jetzt hier mit meinem Schädel im Sand sitze ... am Ende eines Nachmittags, einer letzten Suche nach einem Stoff oder einer Form ... – eines letzten Versuches – ob mir nicht doch noch etwas einfalle. Denn das, was ich hier in der Hand halte, das ist einem anderen eingefallen, einem Besseren als ich. Noch einen letzten Blick also auf den Schädel, und ich lege ihn aus der Hand. Ich mache mich auf den Weg, landeinwärts, verfolgt von diesem Grinsen, über dem ein Ausdruck gelegen haben muß, der alles andere als ein Grinsen war –, jener Ausdruck nämlich, der den Knaben Hamlet so bannte, daß er sich – er sagt es selbst – zu seinem Träger unwiderstehlich hingezogen fühlte. Er saß auf den Knien dieses Narren, der ihn in den Mantel seines unendlichen Humors hüllte und mit ihm, ein uraltes klangmalerisches Kinderlied singend, davonritt, unter Hott und Hü, auf und davon, auf Zickzackwegen, denn er wußte, daß der gerade Weg, wohin immer er führe, stets der schlechteste sei. So ritt er mit dem Kind vor sich ... auf einem mit Schellen und Klappern geschirrten Apfelschimmel in ein fernes Land, das Reich der ungenützten Möglichkeiten, das dem Narren das Naheliegende war und in dem auch Hamlet so heimisch wurde, daß ihm später das Reich der eingetroffenen Möglichkeiten, auch Wirklichkeit genannt, dieses Stegreifspiel von Irrsinn, Niedertracht und Mord, zur Hölle wurde.«

Geschrieben anno 1962, also vor dreißig Jahren: und gleichwohl Motive und Konstellationen präfigurierend, die erst viel später, in Heiner Müllers *Hamletmaschine* zum Beispiel, historisch konkretisiert, weitergeführt wurden: Hüben die Väterwelt mit ihrer Brutalität und ihren penetrierenden Imperativen, und drüben Hamlets und Ophelias Reich, in dem man nach Auswegen sucht, nach Yorick-Wegen und Pfaden, die in ein Ungebahntes führen, das, möge es sein, wie es wolle, auf jeden Fall besser ist als die Mordwelt der Väter – die Welt, die Hamlet, in Heiner Müllers Version, im Akt der Verweigerung zurücknehmen möchte (vergebens; er kehrt in die Rüstung des Vaters zurück) und die Ophelia: mit der Maske Elektras vor dem Gesicht (die Mythen verschwistern sich

nicht zufällig, da die Vorlage – Schuld und Sühne, Eltern und Kinder, im Mordhaus versammelt – nahezu dekkungsgleich ist) mit Gewalt zerschlagen will: sie, die keine Aussteigerin ist, sondern eine Terroristin, mit dem Beil Elektras in der Hand. (Aber auch sie geht zugrunde: von Wärtern gefesselt, in der Tiefe des Meers.)
Hamlet, der *denken* will und *handeln* muß; Hamlet, der Intellektuelle, der sich anpaßt, um zu überleben (in Yoricks Maske, damit man ihn nicht durchschaut), Hamlet, der Flucht als Rebellion ausgibt, Hamlet, mit seinem Schädel auf Mauern zurennend (um, unmittelbar vor der Wand, innezuhalten), Hamlet, der Sohn, der die Geschichte als feindlich erfährt, weil sie durch seine Gedanken nicht mehr veränderbar ist, Hamlet, der privilegierte Künstler und der Narr am Hof der Mächtigen: In einem Augenblick, da die Diskrepanz zwischen Wirklichkeit und Möglichkeit, brutaler Realität und verratener – aber, wohlgemerkt, in paradoxer Praxis noch nicht widerlegter, vielmehr aufhebbarer – Utopie (in Hegels Sinn) dramatischer denn je ist, steht das Thema Hamlet neu zur Diskussion: ein Thema, das unter der Fragestellung behandelt sein will, ob ein einzelner, mit seinen Yorick-Träumen von einem Reich, das bunt und widersprüchlich, närrisch und vielfältig, geheimnisvoll und menschlich ist, heute überhaupt noch das geringste Gehör finden kann – heute, da die Camussche Maxime »Humanität beruht auf der Dialektik von solitaire und solidaire«, von ›einsam‹ und ›gemeinsam‹, deshalb zu einer Leerformel geworden ist, weil sich der Künstler und die – hier zerschlagene, dort selbstgewiß triumphierende – Gesellschaftsordnung einander unversöhnlich gegenüberstehen und die Sozietät über die *Warner*, wie Karl Kraus die Gegenspieler aller selbstzufriedener Herrschaft genannt hat, die Kassandren und Beschwörer jenes

Reichs der ungenutzten Möglichkeiten, zu denen sich auch der Notierer der *Vergeblichen Aufzeichnungen* zählt, offensichtlich längst hinweggegangen ist. Was aber, fragen wir, kann Hamlet tun, wenn niemand ihn braucht, es sei denn, er passe sich dem Gegebenen an und sei bereit, den Narren zu spielen, der die hohen Herrn an der Tafel durch Späße belustigt, die folgenlos bleiben?

Hamlet, der Anpasser, Hamlet, der Aussteiger, Hamlet, der Intellektuelle, der in großen Monologen nur für sich selbst spricht und sich dabei Illusionen macht: eines Tages werde man ihn, den jetzt Verkannten, schon verstehen; Poesie und Traum, Gedanke und phantasmagorisches Spiel seien der Wirklichkeit nun einmal voraus, so daß es, heute wie eh, darauf ankäme, der Wahrheit, gut kantianisch, die Fackel voranzutragen, statt ihr, in befohlenem Abstand, die Schleppe zu halten. Das sind Vorstellungen, die, in jüngster Zeit aktualisiert (bezeichnend genug: in Heiner Müllers *Hamletmaschine* zerreißt der Protagonist seine Photographie, um derart zu zeigen: Ich war Hamlet, aber ich bin es nicht mehr) ... das sind Porträts, sind Ansichten einer Figur, die, wie keine zweite, die Schriftsteller, vom achtzehnten Jahrhundert bis heute, herausgefordert hat, *ihre* Sache mit *seiner*, Hamlets Sache, zu identifizieren.

Stellen wir uns vor, daß Heine recht hätte, als er, in seinem Traktat *Zur Geschichte der Religion und Philosophie in Deutschland*, die Literaturgeschichte »die große Morgue« nannte, »wo jeder seine Toten aufsucht, die er liebt und womit er verwandt ist«, und stellen wir uns, am Ende dieser Diskurse, die uns von Zürich über Athen und Bamberg durch die Jahrhunderte führten, weiterhin vor, das Totenreich läge, hier und jetzt, in eben jenem Auditorium, in dem wir uns heute befinden, und stellen wir uns schließlich vor, die zu Hunderten versammelten Dichter – Franzosen, Griechen, Deutsche, Italiener, bunt gemischt (auch ein paar Frauen wären dabei), hätten, anno 1993, die Pflicht, ihre Lieblingsfigur auf literarischem Feld zu benennen, wer immer sie sei, Don Quichote oder Ivan Karamazov, Herakles oder Vergil, Luciver oder Kapitän Ahab, Fräulein Julie oder Frau Alwing: Wen würden sie nennen, die Poeten, wer hätte die größte Chance, sich als primus omnium zu präsentieren? Nun, ich bin sicher, die Wahl würde mit einem überwältigenden Triumph für *einen Mann* enden, Shakespeares *Prinz Hamlet:* mit riesigem Abstand vor Odysseus und den drei Dons: Quichote, Carlos und, in Camus' Version, Faust.

Und warum – dieser Triumph? Ich denke, weil Hamlet der einzige ist, in dessen Genie, so die These Jan Kotts, sich jeder Poet erkennen kann: gespiegelt, verklärt und erhöht.

Ja, ich bin sicher, es gäbe nicht nur dröhnenden Beifall, sondern standing ovations, wenn der Sprecher unseres imaginären Konvents toter Dichter das Ergebnis bekanntgeben würde: ein spektakulärer Erfolg für Hamlet – und eine willkommene Gelegenheit für alle Votanten, sich, in einem Akt geistreicher Identifikation, einer aufs eigene Ich, die eigene Seelenlage, die eigene Kunst und Manier zielenden Begründung der getroffenen Wahl, vor ihren Kollegen in vorteilhafter Beleuchtung zu zeigen – mit einem nimmermüden »Ich habe die Mehrheitsentscheidung mit befördert, da auch ich, und zwar in besonderer Weise ...«

Was kümmerte es die Dichter, hier in unserer Morgue, diesem Amphitheater, an dem gemessen selbst die Mammuthalle, in der sich chinesische Volksdeputierte ver-

sammeln, wie ein kleiner Seminarhörsaal wirkte ... was kümmerte es die Dichter, wenn Hamlet, wäre er in effigie anwesend, nach all den Reden, Laudationen, Toasts, in die oft zitierten Worte des – um und um gewendeten – Don Giovanni verfiele: »Jetzt hat man mich so oft interpretiert, daß ich selbst nicht mehr weiß, wer ich bin.«
Und dennoch nähmen, ich bin dessen sicher, die Proklamationen kein Ende: Endlich einmal hätte man Gelegenheit, rückhaltlos von sich selber zu sprechen, im Kreis der Kollegen, und gleichwohl als taktvoll zu gelten: ging's doch nicht um einen selbst (immer wieder das stereotype: *wer bin ich denn schon, daß ich ... aber gleichwohl ...),* sondern um Hamlet.
Und so, stelle ich mir vor, träten sie dann auf, einer nach dem anderen, um sich in riesigen Schlangen dem Podium zu nähern, an dessen Seite Mikrophone aufgebaut worden wären: Coleridge zuerst (er saß ganz weit vorn): den Hamlet-Romantiker preisend; dann Goethe (man hatte ihm achtungsvoll Platz gemacht; deshalb war er so früh an der Reihe), Wilhelm Meister zitierend (»hier wird ein Eichbaum in ein köstliches Gefäß gepflanzt, das nur liebliche Blumen in seinem Schoß hätte aufnehmen sollen; die Wurzeln dehnen sich aus, das Gefäß wird zernichtet«); es wurde applaudiert, ein Poet, weit hinten, rief »Bravo«, es war Hofmannsthal, der sich befriedigt zeigte, Sätze zu hören, die er ganz ähnlich, freilich auf Elektra bezogen, formuliert hätte.
Ein Defilee von Stunden: tausendmal Hamlet, und kein Ende in Sicht; Hamlet, der Clown, und Hamlet, der Feiertagsmensch, Hamlet, der homo religiosus (von Kierkegaard in freier Rede verherrlicht – sein Konzept war im Gedränge verlorengegangen), Hamlet, so Freiligrath, der Deutschland sei: tatenscheu und fern der Politik (Einspruch Turgenjevs: Hamlet sei Rußland ... *leider!* Viel

zuviel Hamlet und zuwenig Don Quichote!), und dann kämen Hauptmann, wegen seiner *Hamlet*-Bearbeitung unter den Kennern ringsum freilich eher belächelt, dann Freud, natürlich über ein Seelensyndrom sprechend, das, bei genauerem Bedenken, eher Hamlet- als Ödipuskomplex heißen müsse; es käme Kafka und es käme Baudelaire, es käme Sarah Bernard (um zu betonen, daß Hamlet wahrhaft angemessen nur von einer Frau gespielt werden könne), und dann trüge Anna Achmatova – auf einmal, stelle ich mir vor, würde es totenstill im Konvent – ein Gedicht vor: »Hamlet lesend« heißt es.

»Beim Friedhof der leere Platz – Staub flog auf.
Der Fluß lehnte blauend sich an.
Er sagte: ›Nun also, ins Kloster lauf,
Oder nimm einen Narren zum Mann!‹
Nur Prinzen reden so vor sich hin. Ich behielt es für immer, dies Wort.
So mag's wehn wie ein Mantel aus Hermelin
Von den Schultern in Ewigkeit fort.«

Kaum aber hätte die Achmatova ihre acht Zeilen gelesen, da spränge auch schon Pasternak auf, um sein *Hamlet*-Gedicht aus *Doktor Schiwago* vorzutragen, das, in Goethes Weise, Hamlet unter seiner Last zerbrechen läßt: nun jedoch, sehr religiös und sehr russisch, in der Rolle des in Gethsemane leidenden, von Todesangst gepeinigten Christus:

»Nachtdunkel ist auf mich gelegt
durch das Visier von tausend Operngläser.
Abba Vater, so es möglich ist,
laß diesen Kelch an mir vorübergehen.«

War es wirklich Boris Pasternak, der diese Verse, von seinem Platz aus: aber für jedermann verständlich, gesprochen hatte? Oder ein Schauspieler, der einem weiß geschminkten Hamlet seine Stimme gab: »Geschwätz erstarb. Ich trat auf die Bühne«?
Die Phantasmagorie geht zu Ende: schlürfende Schritte, litaneiartig wiederholte Worte, wachsende Dunkelheit, dann plötzliche Stille, zäsuriert, ein letztes Mal, durch die Worte eines einzelnen, von einem Scheinwerferstrahl grell beleuchteten Mannes, der sich, ringsum von Dunkel umgeben (Köpfe, Leiber, Beine: nicht mehr zu erkennen) ein wenig mühsam, wahrscheinlich betrunken, von seinem Platz erhebt, um sich, schwankend und schwerzüngig, an einen imaginären Nachbarn zu wenden, der den Betrunkenen offenbar gefragt hatte, wen er für bedeutender halte, Shakespeare oder Ibsen – Ibsen, der bei der Wahl nur eine einzige Stimme erhalten hatte, und zwar, wie sich jetzt herausstellte, von jenem lallenden Dichter, der in den Saal hineinrief: »Schluß jetzt! Ich suche Ibsen! Henrik Ibsen, der turmhoch über Shakespeare steht, wenn es um das Dramatische geht – wie im *Hamlet!* Da kommt niemand an ihn heran! Bei Gott, man kann sich wirklich nicht vorstellen, daß Ibsen jemals antiquiert sein könnte; *der* wird für jede Generation neu erstehen. Zu jeder Zeit wird man seinen Problemen eine neue Seite abgewinnen können. Nach der Hedda Gabler hatten ein paar Leute geglaubt, er sei ein Frauenrechtler, aber er war ebensowenig ein Frauenrechtler, wie ich ein Erzbischof bin.«
Sprach's, setzte sich hin und tauchte unter im Dunkel: James Joyce, der, wiewohl mit schwerer Zunge redend, sehr genau wußte, wovon er sprach: Schließlich hatte er in Triest, als Dreißigjähriger, an der *Università del Popolo* Vorlesungen über Hamlet gehalten – Hamlet, den er

seinem Publikum, den Damen voran, als einen sanften und höflichen, wenngleich etwas verbitterten jungen Mann vorgestellt hatte: nur selten ein wenig grob. (Im Fall des Polonius zum Beispiel, den er, wie bekannt sei, hinter einer Tapete erstochen habe.)
Ich stelle mir vor, von nun an sei es, im Dichterkonvent, um Joyce ziemlich einsam geworden; er wurde gemieden; nur einige wenige drückten ihm, zum Zeichen von Respekt und Einverständnis, die Hand, T. S. Eliot zum Beispiel, der nie aufhören mochte, *Hamlet* für ein künstlerisch absolut mißratenes Stück zu erklären – und dann, denke ich, sei da noch ein ungewöhnlich kleiner, etwas puckliger Mann, ziemlich verwahrlost, mit einer zerfledderten Perücke gewesen, der Joyce (er sprach jetzt Cockney und verlangte nach Whisky) mit provozierenden Thesen zu verteidigen suchte: Shakespeare – ein Verfasser abscheulicher Stücke, lächerlicher Farcen, die würdig seien, daß man sie *vor den Wilden von Canada spielt,* aber bittesehr nicht in der gebildeten Welt ... »erscheinen doch tatsächlich«, so der Zwergwüchsige, »in seinen Stücken Lastträger und Totengräber und reden, wie es sich für sie schickt. Dann aber kommen Königinnen und Prinzen. Wie ist es möglich, daß ein so wunderliches Gemisch von Großem und Niedrigem, von Tragischem und Harlekinspossen gefallen und rühren könne?«
Ich bin nicht sicher, ob der Mann, der so sprach, sich Joyce vorgestellt haben wird ... eher nicht: *Friedrich II. von Preußen,* in französischer Sprache aus seiner Schrift »Über die deutsche Literatur« zitierend. Joyce, steht zu vermuten, hätte der Auftritt des Königs wenig bedeutet: Schließlich hatte er, außer seinem Whisky, nur ein einziges Problem: Wo, zum Teufel, bleibt Ibsen?
Ende des Totengesprächs und Finale einer kleinen, kaum angedeuteten, geschweige denn ausgeführten Etüde, die

zum Genus der imaginären Dispute gehört, das, nicht anders als manche jahrhundertelang untergetauchte und dann wieder ans Licht gezogene Sagenfigur, durchaus eine Renaissance erleben könnte, eines Tags: Schließlich ist es keineswegs ausgemacht, daß Lukian, der Meister imaginärer Gespräche, hintersinniger Dialoge und zeit- und raum-überspringender Dispute, in saecula saeculorum geschwisterlos bleibt.

Im Gegenteil, ich denke, es wäre reizvoll, nicht nur Hamlet, sondern auch Shakespeare in eine Diskussion mit jenen Poeten zu ziehen, die ihn, wie Alexander Dumas, unisono als *den* Mann bezeichnen, der, nächst Gott, das meiste geschaffen habe. (Einspruch wäre auch in diesem Fall nur von James Joyce zu erwarten: *master next god?* So hieße, in der Seemannssprache, der Kapitän – und nicht etwa ein Dichter.)

Imaginäre Gespräche: ein ergiebiges Zukunftssujet für Schriftsteller, die sich zugleich aufs Philosophieren verstehen … ein Kierkegaard-Geschäft also. (Ein Jammer, daß er nur Geschichten, keine Dialoge schrieb; ein Elend auch, daß niemand ihm abverlangt hat, ein »Gespräch zu dritt« zu inszenieren, eine historisch mögliche Debatte, eröffnet durch Männer, von denen wir wissen, daß sie, um die gleiche Zeit, im gleichen Hörsaal saßen, um den gleichen Dozenten zu hören. (Der Professor hieß Schelling, die Namen der Hörer waren Søren Kierkegaard und Friedrich Engels … Engels, der anno 1842 als Einjährig-Freiwilliger von Lichterfeld aus mit dem Veloziped studienhalber in die Universitätsstadt radelte, die für ihn das Zentrum der Nation war: »Wenn ihr jetzt hier in Berlin«, so Friedrich Engels, »irgendeinen Menschen, der auch nur eine Ahnung von der Macht des Geistes über die Welt hat, nach dem Kampfplatze fragt, auf dem um die Herrschaft über die öffentliche Meinung Deutschlands in

Politik und Religion, also über Deutschland selbst gestritten wird, so wird er euch antworten, dieser Kampfplatz sei in der Universität, und zwar das Auditorium Nummer 6, wo Schelling seine Vorlesungen über Philosophie der Offenbarung hält«).

Tempi passati, in der Tat: aber gleichwohl Zeiten, deren Akteure, da sie nun schon einmal in ein und demselben Hörsaal versammelt waren, sich schließlich auch bei einem Totengespräch à la Lukian treffen könnten, einerlei, ob in der Studierstube, der Bude oder – nein, vielleicht doch lieber nicht! – der Kaserne ... einem Gespräch auf jeden Fall, bei dem zumindest Kierkegaard dafür sorgen würde, daß man im Hin und Her und Für und Wider und Wenn und Aber auch Hamlets gedachte – Hamlets, der für die Dichter nicht nur im imaginären Disput, sondern, kehren wir nach dem Exkurs auf den Boden der Tatsachen zurück, in der Wirklichkeit der Literatur die wichtigste Mythenfigur ist, die variationsträchtigste, schillerndste, märchenhafteste unter allen Gestalten der Poesie.

Stellte man sie auf einen Platz und schichtete um sie herum alle Traktate auf, Gedichte, Essays, gelehrte Studien, die über sie geschrieben worden sind, würde sie binnen kurzem von Bücherstapeln verdeckt sein – jede Woche, hat ein Wissenschaftler errechnet, erscheint eine neue Schrift über Hamlet – und die Bibliographien übertreffen, an Dicke, Großstadt-Telephonbücher bei weitem: ein Monstrum, fürwahr, dieser Hamlet, mit seinen riesigen Monologen, den großen Sieben, und seinem Umfang, der *Macbeth* (auch nicht gerade ein Stück von woyzeckscher Kürze) ums Doppelte übertrifft. (Claus Peymann, steht zu befürchten, würde dem *Hamlet* also geschlagene zehn Stunden zubilligen.)

Hamlet for ever: bei Kafka und Valéry, bei Lawrence und

Mallarmé, bei Britting (*Lebenslauf eines dicken Mannes, der Hamlet hieß* – ein vortreffliches Buch!), bei Wolfgang Hildesheimer und Heiner Müller; woher, frage ich, rührt die Faszination dieser Figur, die längst nicht mehr nur eine literarische Gestalt ist, sondern *lebendige* Person, Partner, Widersacher und alter ego?
Die Antwort? Nun, ich glaube, da wäre heute, in einer Zeit drohender Vernichtung unserer Lebensressourcen, zunächst jener prophetische Blick, ein poetisches Prognostizieren zu nennen, das, ungeachtet aller kühnen Antizipationen, hier und dort, die nun einmal zum Wesen der Dichtung gehören, beispiellos: beispiellos, wie hier ein wohlbehüteter Student aus Wittenberg, herangewachsen im Geist lutherscher Wortredlichkeit, die Trug- und Täuschungsspiele, das Aushorchen und Überwachen, Nachspionieren und fintenreiche Verhören an einem vom Geist Machiavells bestimmten Hof zu realisieren beginnt; beispiellos, wie eine Welt der Unzucht, des geilen Wucherns, der Verwesung und Fäulnis beschrieben wird: so, als ginge es nicht um Dänemark im sechzehnten Jahrhundert, sondern um die Analyse von Großstadtslums unserer Tage: alles ist krank und befleckt, giftig und stinkend, korrupt und gemein: durch Übermalung an der Oberfläche eher enthüllt als verdeckt.
Kein Zweifel, reihte man die Shakespeare-Vokabeln, in einen modernen Kontext gesetzt, aneinander: Die Welt, in der profitgierige Umweltverseucher, clevere Geheimdienstler, Kuppler, Drogenbosse und Mädchenhändler das Sagen haben, präsentierte sich – mit schauerlicher Präzision – als gegenwärtig; eine notdürftig geschminkte Welt, die von Gemeinheit strotzt, im Bereich der Politik so gut wie auf dem Feld der Moral: »Mutter«, so Hamlet zu Königin Gertrud, »legt eurer Seele nicht den schmeichlerischen Balsam auf ... das wird die schwärende –

ulzerierende! – Stelle nur überhäuten und bedecken, während die ekelhafte Fäulnis drinnen, alles unterwühlend, ungesehen verseucht.«

Gefängnis Dänemark anno 1600, Gefängnis one world anno 2000: geht die Gleichung tatsächlich auf? Nimmt Hamlet, in Begriff und Vision, gegenwärtige Konstellationen vorweg, wenn er die grölenden Alkoholorgien der Herrscher beschreibt, den Untergangstaumel in einem Augenblick, da die Natur ringsum zerfällt, Angst, Wahnsinn, Obszönität und Kampf aller gegen alle die Stunde regiert: Mit Bildern aus dem Bereich der Tierhatz werden die Menschen beschrieben – Fänger, Jäger, Fallensteller, Netzausleger ... kein Wunder, daß die Natur, ausgebeutet oder dem Verkommen anheimgegeben, keine Gegenkraft mehr ist: Schlangen und Nattern beherrschen die Straße, der Organismus ist kaputt, der Kreislauf der Natur künstlich vernichtet, »die Sonne brütet Maden aus in einem toten Hund«.

Mir scheint, die Schriftsteller unserer Zeit wissen schon, warum sie gerade Hamlet neu entdeckt haben: Nicht erst nach dem Zerfall der dritten Welt, zugunsten der ersten, lesen wir Prinz Hamlets Beschreibung eines nunmehr universalen Sündenfalls mit geschärftem Sinn ... wir alle, aber in erster Linie doch die Schriftsteller, die in Hamlet – und zwar zu Recht! – einen der Ihren ausmachen: einen mit einem Höchstmaß von Intelligenz, Scharfsinn und Sprachkraft ausgezeichneten Beobachter, einen modernen, Beschreibungsweisen von Büchner und Musil vorwegnehmenden Künstler: von Melancholie, der Krankheit seiner Zeit (und, bei Gott, nicht nur seiner) gezeichnet: einen home de lettres, der, mit vielfach gebrochenen Meditationen, zumal in den sieben einander zugeordneten Selbstgesprächen, beschreibt, wie er denkt und über das Denken nachdenkt; wie er sich durch

Wortketten und Metaphernfolgen zur Tat animiert; wie er Wahnsinn vorspielen muß, um nicht wahnsinnig zu werden: hingerissen, zumal Ophelia gegenüber, durch immer verwegenere Zoten, obszöne Wortspiele und sexuelle Zynismen.

Hamlet, das Faszinosum für Literaten: Meister eines intellektuellen Witzes, der sich zumal in provokanter *Nachahmung* – in Wahrheit: *Umkehr* – von Vorhergesagtem bewährt. (Königin: »Hamlet, du hast deinen Vater sehr verletzt.« Hamlet: »Mutter, Ihr habt meinen Vater sehr verletzt.«)

Kollege Hamlet: Er ist es, der die Schriftsteller hinreißt – nicht der Täter, der Mörder und Fallensteller, Provokateur und – wie im Fall Ophelia – Seelenvernichter, sondern der melancholische Dialektiker und Großmeister der Ironie, der immer auf der Nadelspitze argumentiert und seine Philosopheme an einer Grenze ansiedelt, wo Brillanz in nonsense, nonsense in Brillanz umschlägt.

Dieser Mann – darum seine Vorbildlichkeit für Literaten – ist Regisseur und Kritiker, Erfinder eines Stücks, das *Mausefalle* heißt (geschrieben nicht von Agatha Christie, sondern – eben von Hamlet), Witzeerzähler und Rhetor, Narr, Schauspieler und Regisseur (Bühnen-Worte, *Schatten, Schein* und *Schminke* als Schlüsselbegriffe!) in einer Person: am amüsantesten in der Rolle des Schriftstellers, der Polonius, den Urvater der Rezensenten, mit Hilfe einer Art von amüsantem Rorschach-Test schier zur Verzweiflung bringt. (*Hamlet:* Seht Ihr jene Wolke dort, die fast die Gestalt eines Kamels hat? *Polonius:* Sakrament, so ist es in der Tat, wie ein Kamel. *Hamlet:* Mich dünkt, sie gleicht einem Wiesel. *Polonius:* Sie hat einen Rücken wie ein Wiesel. *Hamlet:* Oder wie ein Walfisch. *Polonius:* Ganz wie ein Walfisch.)

Hamlet, der Literat: Wittenberger Rhetorikadept, an Ho-

ratios Seite (seine Lieblingsfiguren: *Zweifel* und *Frage*), und Bühnenpraktiker von Rang – einerlei, ob er nur den Akteuren zeigt, in welcher Tonhöhe zu sprechen ist, oder ob er ihnen vormacht, welche Gesten zu vermeiden sind: »Sprecht die Rede, ich bitt euch, wie ich sie euch vorgemacht habe, leichtfüßig auf der Zunge; doch wenn ihr sie aus vollem Mund herdeklamiert, wie's viele unserer Schauspieler tun, wär's mir lieber, der Stadtausrufer spräche meine Verse. Und sägt auch nicht zu sehr die Luft – so, mit eurer Hand, sondern setzt alles unaufdringlich ein, denn gerade im Sturzbach, Ungewitter und, wie ich sagen möchte, Wirbelwind eurer Leidenschaft müßt ihr eine Mäßigung erschaffen, die der Rede Glätte gibt.«
Ein Teufelskerl, fürwahr, dieser dänische Literat: Lessing, in der Hamburgischen Dramaturgie, wird seinen hanseatischen Mimen die gleichen Ratschläge geben. (Je größer das Pathos des Geschehens ist, heißt die Devise, desto zurückhaltender muß die Darbietung sein.)
Prinz Hamlet – ein Ahnherr Lessings, auch im Theoretischen – einerlei, ob's um Instruktionen für Mimen oder »spitze« (so Ophelia), also zur Zweideutigkeit zugespitzte Kommentare zum Spiel geht.
Wozu viele Worte verlieren? Prinz Hamlet, nochmals, ist, in der Personalunion von Impresario, Interpret, Rhetor und Stilist, ein homo literatus sui generis: Schon im ersten Auftritt brilliert er mit einer wahren Kaskade von Wortspielen: *son* und *sun, common* im Sinn von gemein und *common* in der Bedeutung von gewöhnlich; eine Pointe an die andere gereiht, ganze neunzigmal im Stück, die Philologen haben sie nachgezählt, diese doppeldeutigen Wortspielereien im Stil der Polonius-Etikettierung: »Ihr seid ein Fischhändler *(fishmonger)* – das heißt: Ihr verkauft Fisch, Ihr verkauft Fleisch, Ihr habt's mit Würmern zu tun und mit Frauen, Ihr seid ein geiler Bock (*fish*

verweist auf Sinnlichkeit), Ihr seid ein Fleischverkäufer, Bruder *fishmonger, fleshmonger,* und was Ihr alles sonst noch seid – ein Zuhälter auf jeden Fall.«

Mit diesen Allusionen, Metaphern, Wortzweideutigkeiten kommt ein genialer Sprachkünstler, besessen von dem Tic, ja der Wut (einer Assoziationsmanie, die nach zeitgenössischen Traktaten zumal den Melancholikern eignet), mit der konnotativen Verweisungskraft der Worte zu jonglieren, von den *worms,* den Würmern, die Polonius' Leichnam zerfressen, auf den Reichstag von Worms: »Polonius ist nicht, wo er ißt, sondern wo gegessen wird; eine gewisse Versammlung staatskluger Würmer *(a certain convocation of politic worms)* macht sich soeben über ihn her.«

Witz an der Grenze des Zynismus; Spaß, der plötzlich in ein schauerliches Benennen der Wahrheit umschlägt: so wie zeichenhafte Rede sich in kalte, genaue und metaphernfreie Benennung, nüchternes Bezeichnen sich in die Hohe Rede der Passion, der herzbewegende Stil sich in den Slang der Straße verwandelt.

Kein Zweifel, daß es hier um praktizierte Techniken von Sprachspielen geht, die sich nach Musil und Wittgenstein wahrhaftig zeitgemäßer, moderner, gegenwartsbezogener lesen als in früheren Zeiten: Was für die mythischen Figuren gilt, ihr Sozialverständnis und ihren Seelenhaushalt, das gilt auch für deren Sprache: Ein Abstand von vierhundert Jahren kann, da plötzlich Verbindendes aufblitzt, geringer sein als einer von hundert.

In der Tat, Kollege Hamlet, der Reflecteur über eine Welt, deren Ende vorgezeichnet sein könnte, ist uns nahegerückt: Wolfgang Hildesheimer, der im Zeichen dieser universalen Bedrohung zu schreiben aufhörte, wußte sehr genau, warum er gerade Hamlet, den sprachmächtigen Bruder Kassandras, als Leitfigur wählte – ein Jammer, daß nur noch ein Torso seines Romans über den ersten »Aussteiger« der Weltliteratur erhalten ist: der Bericht über König Hamlets Vergiftung, über Königin Gertruds Doppelspiel und über die Flucht eines jüdischen Arztes namens Isaac, der, wenn er wollte, sehr genau beschreiben könnte, was auf Schloß Kronborg in Helsingør geschah: »Vielleicht«, so Wolfgang Hildesheimer in der Rolle des Erzählers Prinz Hamlet, »wird all dies eines Tages zu lesen sein, nur werde ich diesen Tag nicht mehr erleben, mir schlägt bald die Stunde, dafür ist gesorgt. Für mich gab es hier nichts mehr zu tun, ich wurde nicht gebraucht, Anweisungen wollte ich nicht geben. Jetzt war für mich der Moment gekommen, mich aller Verwirrung zu entziehen, zu zeigen, daß ich nicht gewillt war, mich darin einzurichten. Der Sohn wird die Geschäfte des Vaters nicht übernehmen.«

»Hamlet«, so Wolfgang Hildesheimer, »ist ausgeschert, kein väterlicher Geist, kein Laertes und kein Fortinbras werden ihn zwingen, Schuld mit Schuld zu vergelten: Ich ging zurück zu meinen Knochen, meinem Riesen, den ich zusammenlegen, an dessen Brusthöhle ich wie in einem Käfig knien konnte, dessen Schädel, so weit mir noch Zeit blieb, ich suchen würde.«

Mit diesen Worten endet ein Fragment, über dessen Fortsetzung Wolfgang Hildesheimer und ich, viele Jahre lang, nachgedacht haben ... und wenn wir am Ende nicht ans Ziel kamen, dann keineswegs, weil es zu wenig, sondern weil es zu viele Einfälle gab: einmal sollte König Hamlet überhaupt nicht tot sein, sondern, durch Isaac gerettet, apoplektisch dahinsiechen: ein starrer Leib mit einem riesigen Auge und einem Gehirn, von dem niemand wußte, ob es noch arbeitete und realisierte, was Claudius und Gertrude in seinem Schlafzimmer trieben; ein anderes Mal sollte sich die Geschichte in shakespearescher Weise vollziehen und Prinz Hamlet, im Duell unrettbar vergiftet, aber noch lebend, in immer rascherer Rede, in Sätzen, die um so kurzatmiger wurden, je länger das Gift seine Adern durchströmte (ein letztes Komma sollte den Herztod markieren), sein wildes Märchen, eine Joyce-Moritat mit viel Action, erzählen; ein drittes Mal schließlich – ich glaube, das war meine Idee – sollte Horatio, nach Wittenberg zurückgekehrt, über Leben und Tod seines Freundes aus der Sicht des Kommilitonen berichten: der Perspektive eines jungen Gelehrten, der in Deutschlands größter Universität – dazu einer der ruhmreichsten – eine Chronik verfaßt, in der nicht nur Hamlet, sondern auch Faust und Luther, Marlowe und Montaigne auftauchen würden, dazu Marsilio Ficino als berufener Interpret der hamletischen, alias saturnischen Krankheit (Melancholie als Schwester genialer Begabung).

Drei schöne Pläne, – leider nur Pläne, nicht mehr: so daß wir's am Ende bei unseren Fragmenten beließen, *Herr Meister* und *Aus einem aufgegebenen Roman*.

Trotzdem, die Geschichte von Prinz Hamlet, dem Dichter, ist, auch nach Shakespeare, so wenig zu Ende erzählt, wie es die Geschichte von Odysseus nach Joyce, die Geschichte von Antigone und Elektra nach Kierkegaard und O'Neill, die Geschichte von Don Juan nach Frisch und Camus ist.

Der Appell zum Weiterdichten und Wiederentdecken im Sinne einer Selbstfindung mit Hilfe der großen, oft erprobten, oft vergessenen, oft, beim Erscheinen neuer Paradigmata, plötzlich in unerwarteter, nie wahrgenommener Konturierung erscheinenden Mythenfiguren bleibt wenn nicht Befehl (das ist leider unmöglich), so doch Wunsch.

Wie heißt es im *Hamlet?* »Mein Täfelchen her! 's ist angebracht, daß ich es niederschreibe.«

Des Prinzen writing-table, darüber waren Hildesheimer und ich: wiewohl selber innehaltend, uns einig, sollte von einem andern eines Tages neu beschrieben werden: von einem Schriftsteller, der das Vermächtnis Wolfgang Hildesheimers, meines Freundes und Ciceronen (nicht allein beim vierten und letzten Diskurs), aufzugreifen hätte – mit einem Gruß nach Poschiavo hinüber, für Hamlets Konfrater: »Thy gift, thy tables« beginnt Shakespeares einhundertzweiundzwanzigstes Sonett, »are within my brain/ full character'd with lasting memory.« (Das Merkbuch, dein Geschenk, ist schon versehn mit dauerhaften Zeichen.)
Lasting memory, dauernde Erinnerung: die beiden Worte verweisen, beim Rückblick, noch einmal auf das unverzichtbare Kunstprinzip verpflichtender Anverwandlung, dessen Bedeutung, Ergiebigkeit und Relevanz ich in meinen vier Diskursen verdeutlichen wollte.